「向いてない!」と思う人でもリーダーになれる52のヒント

和田裕美

日経ビジネス人文庫

文庫化にあたってのはじめに

数年前にこの本の単行本が出版されたときに、
「部下との接し方に悩んでいつもぎくしゃくしていましたが、
ようやく答えがわかりました！
人を育てるって、自分を育てることなんですね」
という喜びのお声をたくさんいただきました。

そして、もらった感想の中で一番嬉しかったのは、これからリーダーになろうと
している方から、
「この本を上司に読んで欲しい」
というお声をいただいたことでした。

その言葉を受けて、ああ、私がやってきたことは、リーダーだけの熱い思い込み

ではなく、相手（部下）が本当に求めていることだったのだと、さらなる確信を持つことができたのです。

自分の本となると「合わない人もいると思うので……」といきなり消極的になってしまう私も、今回はすでに読者の太鼓判付きということで、いつも以上に胸を張ってこの文庫版を皆さんにおすすめできることとなりました。

ありがとうございます。

さて、本文にも出てきますが、いつも人の顔色を見て自分の意見もいえない私は、まったくリーダーには向かないタイプでした。

そんな私が、最初は1名だった部下が4年で100名となり、最年少で女性初の支社長になれたのです。

なんだかこれって奇跡みたいなことなのですが、もちろん奇跡ではなく、向いてないからこそ、本気で相手とぶつかって、泣いて、怒って、悩んで、傷ついて得た超リアルな結果なのです。
私、リーダーになってからわかったんです。
部下を育てるということは、同時に自分を育てるってことなんだと。

部下を持つからこそ……、
人と真剣に向き合うようになれた。
部下の立場になって物事を考えられるようになれた。
責任が重くなって、プレッシャーに強くなれた。
仕事の量が増えて、創意工夫を生み出すことができた。
私が育てば、部下が育ち、部下が育てば、私も育つ。
部下がいるからこそ、リーダーになれる。
地位もお金も得ながら、なにより自分が成長できたわけです。
こんなすごい仕事って他にないと思います。

正直、リーダーにならないのは、成長放棄みたいなものです。
人生放棄ともいえます。

せっかくこの本を手にしたわけですから、「リーダーなんていいや」と決めつけてしまうのは、ここにある52のヒントを一度、試してからでも遅くないです。

私が書いた本ですから、（私にとっては）難しい『論語』の引用も歴史上の人物も出てきません。

リアルな世界の身近な話だからこそ、ぜったいに「向いてない」と思うあなたにもすぐにできるはずです。

和田裕美

２０１６年11月

プロローグ

周囲を引っ張っていくリーダータイプの人を、自分とは別世界の主人公のように、子供のときからずうっと思っていました。**私は目立たず、おとなしく、リーダー格の誰かについていくほうが性に合っている人間だった**からです。

そんな私がひょんなことから部下を持つ立場に立たされ、いつしか100人の組織を抱えるようになった事実は、「あいつにはムリだ」といっていた周囲を悔しがらせた大逆転劇となりました。

仕事は営業職でした。実は私は根っからの人見知りで、そもそも営業にも向いている人間でもありませんでした。

けれども、転職活動の度重なる失敗に疲れきった私は、切羽詰まって、やや投げやりになって、**ようやく内定をもらった会社に何も考えずに入社**したのです。

これが私が営業の世界に飛び込んだきっかけです。

しかし、世間知らずの私が飛び込んだ営業の世界は、結果を出さないと給料がゼロになる、固定給なしの完全歩合の世界で、とにかく厳しかったのです。

アメリカに本社のある外資系の企業。そこで私の販売するものは英語教材と英会話レッスンのセットです。電話営業や、書店の店頭で行うキャンペーンなどで、見込みのお客様を発掘し、その方にアプローチをして興味があれば契約していただくという仕事でした。

人に対して積極的になれない性格だった私が、最初から結果を出せないのは当たり前のことでした。

立ち止まってくれない。電話にも出ない。毎日、毎日誰かに「NO」と拒絶され続けると心は凹《へこ》み、やる気がどんどんなくなります。

何度も何度も辞めようと思いましたが、上司に「できないことができるようになってこそ成長だ」といわれ、それまでいろんなことを逃げてきた人生を振り返って踏ん張り続ける覚悟をしたのです。

いろいろな人から学び、いろいろな工夫をし、とにかく行動、行動となんとか続けるうちに、だんだんと結果が出るようになりました。

そうして、**世界142カ国にいる営業マンの中で、第2位の成績を残せる**ようになったのです。

個人の結果が出るようになれば、その次の目標を掲げられます。


それが「組織育成」でした。


自分がやってきたことを人に教え、人を育てる。そして、**「結果の出せる組織」「売れるチーム」を作っていく。**こういうことです。

部下ができ、失敗を繰り返しながらも、私は25歳のときにリーダーという立場になっていったのです。

もちろん最初は、壁にぶちあたりました。

まず、**人が定着しない、結果を出させることができない、頑固で素直に意見を聞いてくれない、勝手に辞めていく、悪口をいわれる**など、数えきれないほどです。

けれども試行錯誤を繰り返すうちに、組織が大きくなり、**その組織は全国100以上あるグループの中で上位3位の営業成績を残す**こともできたのでした。

私は営業という仕事も、リーダーという立場も、スタート時点では他の人よりマイナスでした。

ただ、やっていくうちに、**後発的に新しい自分が生まれた**のです。

私がいいたいことはひとつ。

リーダーになろうとする人にもともとの資質なんて必要ないということ。

お母さんが子供を産んでからお母さんになるように、**リーダーになってからだんだんと、リーダーらしくなっていく**のです。

「兵士のように歩け、兵士のように話せ、兵士のように食べろ」といわれた農家の人たちがどんどん兵士になっていったのと同じように。

だから、**やってみれば誰にだってできること**なのだと、私は思っています。

さて、私はこのような経験から、人を育てる普遍的な「コツ」を見出《みいだ》しました。

それこそがこの本で伝えたい、リーダーがすべき3つの約束（コミットメント）というものです。

①自分と約束する

よい人材を育てるということは、まずは教育する側（自分）が変わるべきです。

その本人が信用されていないとどんなによい人材でも結局は枯れてしまうし、誰も育ちません。

だから真のリーダーになれるように、自分が変わること。まずは自分自身との約束が必要になります。

②部下と約束する

部下が10人いれば10人それぞれの長所や欠点があります。

それぞれの人に向かい合いながら、きっと成長できると上司も部下も心から信じることが必要です。それには、自分だけでなく本人の協力も必要です。

だから、一緒に変わるために部下との約束が必要になります。

③環境を作る約束をする

組織は多くの人の集合体です。それはまさに、さまざまな感情がぐるぐると渦巻く環境です。マイナスの感情が流れればあっという間に組織全体に影響します。さらに「上司↓部下」だけでなく、同僚同士が尊重し合う環境を作ることも大事です。

だから、インフラを整えること。環境整備が必要になるのです。

この本で書いたことが、これからリーダーになる人や、すでにリーダーの人にとって、なんらかのお役に立つことができたら、とても嬉しく思います。

それから、リーダーなんて向いていないと思っていた人が、「なんだかできそうだ」と感じてくださったらさらに嬉しく思います。

和田裕美

「向いてない!」と思う人でもリーダーになれる52のヒント 目次

第1章 毎日の行動のヒント 自分と約束する

第2章

リーダーシップのヒント　部下と約束する

第3章

目標達成のヒント 環境を作る約束をする

本文設計・DTP……ホリウチミホ(nixinc)
著者エージェント……アップルシード・エージェンシー

第1章

毎日の行動のヒント

自分と約束する

1 売れる空気を作る

あるとき私は数字達成ができていない月末を迎え、とっても不機嫌になっていました。

事務所に入るなり、「はぁ〜」とため息をつき、書類を前に黙り込み、誰とも言葉を交わすことができませんでした。

「なんで私ばっかりボスに怒られるの」

「みんなもっとがんばってくれたらいいのに」

そんなやるせない気持ちが後から後から押し寄せてきてイライラモード全開でした。

でもそのままずっと黙っているわけにもいかず、なんとかこらえてようやく重い腰を上げてミーティングをはじめました。

「月末最終日の今日、みんな必死にがんばろう」といおうとしたのです。けれど、イライラしている私の口からは「情けない」とか「本気出してない」という言葉しか出てきません。

私は自分の言葉を聞きながら、しまいには悲しくなってきました。

「本当はもっとできると信じているよ。絶対にあきらめないで。あと一歩進もう！」こう前向きで元気な気持ちでいえばパワーのこもった「活《かっ》」になるのに、イライラして悪い空気を発しながらいうと、ただの「愚痴」になるんだなと自分でも感じたからです。

それが証拠に私の目の前にいた部下たちは私の目を見ることもできず、うつむいて、おびえたり、反抗的だったり、辛そうだったりしました。

当たり前ですが、
そんな雰囲気で結果など出るはずがないですよね？

そして、その雰囲気を作った犯人は紛れもなく私自身だったのです。

私の感情が出す空気によって、組織の雰囲気が変わってしまうんだとそのときつくづく思った私は、それからどんなことがあっても、明るく元気に振る舞うことを自分に約束しました。

会社にいて上司がイライラしていたら、ぱっと見た瞬間に感じますよね？

「あっ今日は機嫌が悪そうだな」と。

多くの人がそんなとき、居心地の悪い空気を感じてしまいます。

けれど、会社に一歩入った瞬間に上司が楽しそうな態度だったら、なんとなくほっとして話しかけやすくなりませんか？

こんな風に**リーダーの態度は部下に、いいほうにも悪いほうにも影響してしまう。**

だからリーダーはやっぱりいつも暖かい太陽のような存在でいるべきです。とにかく笑顔で明るくいることが大事なのです。

2 「陽転思考」する

いつでも明るくとはいっても、「毎日ご機嫌な人」になれない人も多いと思います。

朝の通勤時間、駅までのダッシュで靴紐が切れ、
電車の中で足を踏まれ（その人は謝らずに立ち去った）、
定期を落とし（駅員に届け出をしてもまだ見つからず）、
会社に着いたら、頼んでおいた資料がまだできていないと知る。
こんな朝を過ごしたら、たいていはイライラしてしまいます。
誰だって外部からたくさんの影響を受けてしまうからです。

人は簡単に不機嫌になることができます。

私も何もせずに放っておいたら、不機嫌な出来事に大きく影響されてしまいます。
だからこそ取り入れていた考え方があります。

それが「陽転思考」です。

陽転思考は、その文字のごとく「物事を明るいほうに転ずる」という考え方です。

「ポジティブシンキングですね」と思う人がいますが、実はちょっと違います。

そもそもポジティブシンキングは「怖い現実を引き寄せないためにマイナスイメージをゼロに」という考え方です。

けれど私はもともと不安になりやすいタイプなので、**「マイナスゼロ」といわれると、余計に不安を引き起こしやすい**わけです。

だから、あるときから、**泣いてもいい、心配してもいい、愚痴ってもいいと、ネガティブな感情をいったん受け入れて、そこから「明るい光」を自分で探して切り替えると**、自分にもできる思考パターンを考えて、生きていくことにしたのです。

事実はひとつ、考え方はふたつ。

ひとつの事実でも、そのものの見方、とらえ方はふたつあります。


例えば、仕事でミスをしたとき。

その「失敗した」という事実はひとつです。

けれど「なんてついてないのだろう」という思いからはじまって、

「オレって昔から上司に恵まれてないな」

「何をやってもダメなんだ」

とどんどん「マイナス」を探し、下を向いて立ち止まる人生か、一回落ち込んで、
その事実をしっかりと受け止めてから、

「お客様にダイレクトに迷惑がかかる失敗でなくてよかった」

「自分の甘さに気が付けてよかった」

など**「失敗というマイナスの事実」**から、**「プラス（よかった）」**を見つけて進む
人生か、どちらを選ぶかは本人の自由なのです。

スタートは同じでも、前者の考え方で生きるか、後者の考え方で生きるかによってその後の人生は変わります。
もちろん後者のほうが前者よりも幸せになりますよね?

物事は中立です。誰の味方もしていません。

それを受け取る人の心が「いい」か「悪い」かを決めるだけなのです。
地震などの天災があっても、最悪の状態しか見えないときでも、家族や人の愛に感謝できたりすることもあります。そんなもう一方の側面にある「よかった」を探す。

なくなったものはもうない。いなくなった人はもういない。
けれど生きていくのなら、前に進むしかないからです。

進むのであれば、明るく生きたほうがいい。
だから私は自分で陽転します。

また、人は語らずして自分の気持ちをわかって欲しいと思うときもあります。

とっても悲しいとか、とってもしんどいとか、そんな状態を人にわかって欲しくて、無意識に気持ちが態度に表れます。

こんなときは態度ではなく、

「なんだか体調がよくなくてね。今日はしんどくて、機嫌が悪そうでゴメンね」

と言葉にしたほうがいい。

その瞬間にそれは自己開示となり、部下は顔色をうかがう必要がなくなります。

不機嫌な理由がわかるから、逆に、

「大丈夫ですよ、僕らががんばります」

と奮起してくれたりもします。

ただ、本音で弱さを見せるのは年に数回のみ、どうしても不機嫌な表情になってしまうときだけです。

毎日、辛い辛いという上司はもはや邪魔ものです。

3 水は高いところから低いところに流れる

リーダーになったばかりの斉藤くんが相談してきました。

「和田さん、部下が挨拶をしないんですよ」

「そうなんだ……でも自分から声かけてるの？」

「ええっ？　僕から？」

「うん。挨拶って上から下へが先だよ」

「僕は部下から上司にするものだと……」

「私も昔はそう思っていたけど、自分が部下の頃を思い出したら、やっぱり上の人から声をかけてもらうと嬉しかった。

だったら私からしたほうがいいし、相手が挨拶をしないとか、そんなことで悩む必要もなくなるし……」

「確かに……僕から声をかけてなかったかもしれないです。はい、さっそく明日からやってみますね」

「挨拶で『あなたをちゃんと見ているよ』という意思表示ができて、相手がちょっとでも幸せな気持ちになったら、これってすごい効果。**人の気持ちを動かすことになる**よ。だから、挨拶は先手必勝ってこと」

つまらない意地をはって、どっちから挨拶するとか、声をかけるとか、そんなことでうだうだ悩んでいるより、さっさと自分から行動したほうがよほどいいです。

水は高いところから低いところに流れます。

リーダーの挨拶はオフィスの空気を変えるスイッチであり、部下のやる気を起こすスイッチです。

4 「私がやった」は封印

私の組織が30人体制くらいになったとき、中間管理職のような人たちも育ってきました。私がマネージャーで、彼らはキャプテンとかリーダーとかトレーナーとかいう立場でひとりから3人程度の部下を持っていました。私もまだ20代でしたが、**彼らも同じように人を育成する経験などまったくない人ばかり。**

あるとき、数字の思わしくないふたり組のチームとミーティングしていました。

「ええっと、ちゃんとトレーニングとかはしているよね?」

「はい、和田マネージャー、もちろんです」と田中リーダー。

田中リーダーは26歳、はじめて持った部下の前で胸を張っていいました。

私は彼の隣に立つ、彼の部下である川村さんという女性に向かって聞きました。

「どんなスケジュール?」

「はい、えっと毎週月曜と水曜にやってもらっています」と彼女は少しおどおどしながらスケジュール表を私に見せていいました。

あれっ、と私は思いました。入社してから3カ月。入社して間もないときのほうが、川村さんは元気で明るかったような気がしたからです。

そこで、私が、

「へぇ〜こんな風にきれいにまとめてあるんですね。さすが、川村さん、やっぱり仕事が丁寧ですね。すごいです」

と、川村さんを何気なく褒めたときです。すかさず、田中リーダーがいいました。

「あっ、その資料は僕が細かく指示したんですよ」

部下の川村さんを褒めたすぐ後だったので、はっきりと空気が重くなりました。

その後、リーダーの彼は、自分は何をやっている、これもやっていると、言い続けていました。さらに、結果が出ないのは、部下のやる気のなさが問題だなどとも。

もう聞いていてうんざり。

最初はにこやかに聞いていた私も、だんだん無表情になって「ふーん、ふーん」としかいえなくなってしまうほどでした。

ああ、もう我慢できないと、ついに田中リーダーに対して限界にきた私は、部下の川村さんに先に退室してもらってから、深呼吸して、一気にいいました。

もうわかりますよね。

そう、ここに結果の出ない原因がある。

「あのね、田中リーダーには悪いとこない？　君は完璧？

リーダーって自分の庇護《ひご》より、先に部下のフォローをしないとね。

君の大事な、大事な部下を私の前で褒めて、**たとえ君がやったことでも相手に花を持たせてあげないと、ダメじゃんか。**

私は君を前から知っていて、ちゃんと好きだし、信用しているから、もう自慢しなくていい。オレがやった、オレがやったといえばいうほど、君の価値が下がる。

だから人がついてこない。だから人が育たない」

田中リーダーは、さっきとは別人のように力をなくしてうなだれました。

「ごめん、いいすぎた。私も昔、同じようなことしたことあると思う。ボスに好かれたかったから。でもね、それじゃダメ。

上に向いて仕事する前に、部下に向いて仕事しよう。部下に向いて仕事する前に、お客様に向いて仕事しよう。

君が自分で自分を褒めると、私が君を褒めることができなくなる。わかる?」

「はい」

「本当に結果を出したっていう人は、何もいわなくても勝手に伝説になっているから。**社内で伝説になるくらいの結果を出していたら、自分で自慢する必要もないから。**どうせなら、そこ目指してください」

田中リーダーはそのときすごく素直に聞いてくれました。

威張ってきつくなった表情がだんだん柔らかくなってきて、新人で素直にがんばっていた頃の彼に戻ったような感じでした。

「すみません。僕のチームは最下位だし。マネージャーに嫌われるんじゃないか、ダメなリーダーだと思われるんじゃないかと、そればかり考えていて、自分をよく見せようとしていました。

でも、今ははっきりいってもらってわかりました。なんか、肩の荷が下りたというか、楽になりました」

「そうそう、**最初からなんでも上手くできなくていい。**それに気が付いただけでもよかったんだし」

「はい、ありがとうございます」

田中リーダーはミーティングルームを急いで走って出ていきました。

そして、**彼のチームはその後、ぐんぐんと結果を残せるチームになっていった**のです。

きっと人はついつい自分を庇護してしまうものなのでしょう。

クビになりそうなとき、大きな損害を被ったとき、自分は悪くないといいたくなるものです。でも、部下に罪をなすりつけて、自分をよく見せようとしてしまうと、もっと大きな損害を被ります。

信用をなくすのです。

だから私は、「自慢しない、自分を庇護しない」と決めているのです。

5 管理はしない、監視もしない

何をやってもスマートにこなす、すごく仕事のできる友人がいました。成績もいつもトップクラスで、すごく尊敬していた人で、会うたびに生き生きと「仕事が楽しいんだよね」といっていました。

けれど、たまたま1年ぶりに再会したとき、あれっ？　と思いました。

なんだか彼が別人のように見えるのです。

ものすごく疲れた顔で以前の覇気《はき》がまったくない。おかしいなと思いつつも、寝不足程度のものだろうとさして気にせずに、

「相変わらず仕事が楽しくて仕方ないのでしょ？」

と聞くと、彼は暗い顔をしていいました。

「いや……前が嘘みたいに今はまったく楽しくないんだ」

「ええっ本当？　なんで？」

「うん、今年から新しい上司になったんだけどやたらと管理したがる人でさ……」

「管理って？」

「いつ、どこに行く？　誰と会う？　必ず社に戻れ、直帰するな、業務報告を出せ、許可なく外出するな……とかさ」

「うわ、なんか窮屈そう。でも、そんな上司って、どこの会社にもひとりやふたりいるものだよ」

「そうだけど、僕が今まで何をしても、前の上司は信じてくれたんだよ。もちろん報告はするよ。だけどいつも**『細かいことはいいよ。お前に任せてあるし』といってくれていた。**今は違う。今の上司は僕を信用していない」

彼はその後もなんとかその環境でがんばっていたのですが、自分のやりやすい環境を求めてとうとう会社を辞めてしまいました。

すごくできる人だったのに、**彼の上司は何か仕事を勘違いして、部下のスキルを低下させ、大事な人を失ってしまった**のです。

このような話は彼に限ったことではなく、よく私の耳に入ってくる話です。

だからこそ私は、

「リーダーとして、もしひとつだけやらなければならないことがあるとしたら、それはなんですか？」

と聞かれたら、

「とことん信じ抜くこと」

と答えています。


リーダーの仕事は「管理」や「監視」ではないですよね？

サボっている証拠を見つけてつるし上げることではないですよね？

もっともっと大事なことがありますよね？

それは、**やる気を出してもらうこと、生産性を上げること、そして部下の能力を伸ばすことです。**


私も以前「あの人は陰でサボっているんじゃないかな」とか、部下が何をやっているか把握できずに疑ってしまったことがあります。けれど、疑い出したらきりがありませんでした。

信頼関係がくずれ、何より私が疲れてしまいました。

疑いからはなんにも生まれないと知ったのです。

だからとにかく真実はどうであれ信じるのです。

たとえ、本当にその人がサボっていたとしても、それでも、「信じているから」といわれたほうが、**いつかサボることに罪の意識を感じて自然にがんばるようになってくれると信じる**のです。

甘いといわれるかもしれませんが、なんといわれても私は信じます。

とことん信じ抜きたいのです。

6 やってみるから世界が広がる

私は25歳のときにボスから「そろそろ部下を持て」といわれましたが、実はそのときに、とっても重要なことを教えてもらってもいたのです。

あの日突然、部下を持てといわれた私は、びっくりしてなんとかこの命令を取り下げさせようと必死に懇願しました。

「そ、そんなの無理です。絶対に無理。私はまだ、そんな、誰かを育てるほどの経験もないですし、人に教えることもできないし、**リーダーシップをとれるタイプじゃないし、こんな私の下に入る人、かわいそうです。**

私、このままずっと、今のままでいいです。部下はずっといりません。ボスの部下のままでいいんです。だから遠慮します」

すると上司はすごい剣幕で私に怒鳴りました。

「ばかやろう！　**お前はやりもしないでできないと決めるのか？**　やったことないのにどうして無理だというのか？　お前、お客様になんといって販売しているんだ？」

「あの……ええっと……」

「なんといってものをすすめているんだ？」

「そ、それは……」

「早くいえ！」

私はもう次の展開が見えていたので、小さな声でぼそぼそといいました。

「あの、私……やってみなくちゃわからないといっています……」

「はあ？　もっとはっきりいえ！」

「はい！　私は、お客様には『やってみないとわからない』といっています！」

ボスはいいました。

「だったら、**お前は人には『やってみないとわからない』といいながら、自分はやってもいないことを無理だというのだな**」

「はぁ……」

「ばかか！　それを矛盾っていうんだよ」

「はい……」

「それからな、目の前にあるチャンスは絶対つかむこと。どんなことでもやってみること。**結果じゃなくて、経験だ。**

お前に部下ができたら、そいつらにもたくさんの経験をさせてやらないといけない。だから、お前も経験しておくんだ。

評論家じゃない実務家になれ。お前が育てる部下も評論家でなく実務家にするんだ。わかったか？」

「はい。わかりました……でも、私にできるかどうか……」

「最初からできるはずないんだよ。これからできるようになるんだ。とにかく、体当たりしてみろ。

やってみるから、世界が広がる。できるようにならなくても、もっと見えるようになるんだ」

「はい！」。この言葉で背中を押してもらった私はようやく背筋を伸ばして答えていました。

できるようにならなくても、もっと見えるようになる。

そう思うと少し勇気がわいてきたのです。

ダメダメだった私を育ててくれたボスは、いつだって私に「やってみる」ということを教えてくれました。

人生がどうやったら広がっていくかを伝えてくれたのです。

そしてその後、自分が部下を持つようになって一生懸命に伝えたのは、実際にはやり方や伝え方は違っても「身体で経験することの大切さ」でした。

だから私は部下にとことん経験させることを大事にしてきたのです。

7 知識だけで話さない

あるとき、講演にもよく来てくださるAさんという人がいいました。

「僕の上司はどこかから仕入れてきた話を朝礼でよくしてくれます。**ありがたいのですが、あたかも自分の経験のように話すのでなんとなく受け入れにくい**んです」

「ありゃ（苦笑）」

「もうかっこ悪いというか。**どんなにいい内容でも知ったかぶりで話をしたら、マイナス**ってことわからないんですかね？　マジで情けないんですよ」

確かにこの上司の方は一生懸命いい話をしようとして努力されているかもしれませんが、こんな風に部下に見透かされたら、**せっかくの努力が台無し**です。

最初は「すごいな」と思われることがあっても、長い間一緒にいる部下たちは、実際にその人の言葉かどうかすぐに見破ってしまいます。

自分を大きく見せようとして見栄をはっただけの言葉は、本人の行動と一致しなくなるからです。

知ったかぶりな言葉は、相手のために吐いた言葉ではなくて、自己顕示欲を満たすために使っている言葉なので、思いやりや愛情が伝わりません。

同じ話をしている人でもなぜか共感できないときがあるのは、その人が知識だけで話しているからです。

だから、

「これはこの本で昨日読んだばっかりで」

「私もみんなと同じところから勉強しているので、間違っていたら注意してください」

と、自分を上げるよりも、その情報の価値を上げてより相手が素直に受け取れることに重点を置くほうがいいのです。

威張る必要などありません。**一生懸命に仕事をするかっこいい姿を見せたほうが、カリスマ性が生まれる**のです。

8 ドアを蹴って飛び出さない

「なぜ、もっともっとがんばらなかったの？　もう、勝手にしなさい！」

思わずこう怒鳴ってしまったときがあります。

数字が未達成だった前月の反省会をしようとしたときに、まったく反省の色もなく、ふざけてばっかりいる部下にキレてしまったのです。

一瞬、オフィスが凍ったようになりました。

私は抑えきれない感情をぶつけるように思いきりドアをあけて、どすどすと怒りに満ちた足運びでその場を去ってしまいました。

しかし、勢いよく出たものの、どうにもオフィスに帰りにくくなってしまいました。

どんな顔をして帰っていったらいいかわからなくなったのです。

その後会社の周辺をうろうろとしながら時間をつぶしていたのですが、行くところもないので仕方なくオフィスに帰りました。

そうっと足音を忍ばせて帰ると、ひとり、ふたりと、部下が寄ってきて「さっきはすみませんでした」と申し訳なさそうな顔で謝ってきました。

そのとき思いました。

私が伝えたいことは「勝手にしろ」ということではなかったし、私がオフィスに戻ったときのなんともいえないどんよりした空気は、自分が求めたものではありませんでした。

感情的になってしまったせいで、部下たちに、なんら気付きのある話もできず、自分自身も居心地が悪くなり、時間までも無駄にしてしまいました。マイナスばかりです。

怒っても、その後に感情的にドアを蹴って出ていってはいけないのです。

「なんでこんなに怒っていると思う?」

とちゃんとみんなに問いかけて、考えてもらって、気付いてもらって、そして、

「まあ、終わったことは仕方ない、でも今度からは絶対にこんなことがないように」と、最後は笑っていえるようにならないといけないのです。

怒ってはいけないのではなく、怒ってもすぐに切り替えて笑えるかどうかが、大事なのです。

だから、私は感情的になって怒るのだけはやめようと決めました。

なんの得もないからです。

9 怒るときは「怒りのボタン」を押してから

感情的に怒ってはいけませんが、感情を込めて怒らないといけない場合もあります。

なぜかというと、**仕事に対して真剣であればあるほど、怒らないといけないシーンがある**からです。

例えば、Aさんという人がいつも遅刻して、掃除当番をサボって同僚Bさんに迷惑をかけていた場合があったとしますよね？

その場合は、怒る理由はふたつ。

ひとつ目はAさんの態度を直してもらうために、もうひとつはいつもこの人の代わりに掃除をしているBさんの気持ちをスカッとさせるためです。

なぜって、サボっている人がいて、別の人が一生懸命で、それでも両方のお給料が同じだったら、上司がAさんに怒鳴るくらいの剣幕で怒らないとBさんが報われないからです。

だからそんなとき私は、そんなに内心は怒っていなかったとしても、あえて目をつり上げてものすごい怖い顔をして「もうそんな態度なら会社に来なくていいよ！」ときつく怒っていうようにしているのです。

真剣なんです。ふたりとも大事だから。

ただここでも決して感情的にはならずに、ちゃんと意を決して自分を客観的に見る必要があります。

「よし、今から怒るぞ」と決断して怒りのボタンを押すのです。

言葉は感情的だけど心が冷静な怒り方をすると、「なぜ私が怒っているか」という理由を明確にできるので相手にもすごく伝わりやすくなります。

感情的なだけだと、この部分の説明がまったくなくて「もういい！」となり、前述したような状況になってしまいます。

「私が怒っているのはなぜだかわかりますか?」

「はい、僕が遅刻をするからです」

「そうです。では遅刻をして怒られる理由はわかりますか?」

「規則違反だからです」

「それ以外には?」

「………」

「別に、遅刻してもいいです。学校じゃないし退学にはなりません。いや、正確にいうと、このままの態度ならおそらく会社のほうから解雇される可能性がゼロではないけど。でも、私が怒るのはそんなことではないです」

「はい」

「Aさんがずっと時間を守れない人のままだとこれからの人生ですごく損をするから。人からの信用を失うから。他にすごくいい部分も持っていて、人から好かれる要素を持っているのに、その甘えから、自分のいいところを生かせなくて自分の人生を台無しにしてしまうことがもったいないから。

あなたの人生だけど、今私が関わっている限りは、そんなもったいないことをさせたくないから。

だから腹が立つ。自分を大事にして欲しいから。

もし、それに気が付かない人だったら、もう私もこれ以上は何もいえなくなってしまう。真剣勝負なんだよね。

だからあなたを見ていると腹が立ちます。これわかりますか?」

怒る明確な理由を理解してもらうことも、怒る目的です。

感情的になって自分のストレス発散のために怒鳴っている人は、悲しいですが、リーダーとしての器がまだないと思います。

10 矢面に立って盾になる

私の部下が20人くらいになったときのことです。

会社が、新しく完成したビルのワンフロアーを借りたので、そのビルにどの組織が移動できるか競ったことがありました。

それまで私のいた雑居ビルは古くて、きれいとは言い難かったので、**「いいなぁ、あんなきれいなビルに行けたらいいなぁ」**と正直思っていました。

私だけでなく、どこの組織のマネージャーもその気持ちは同じ。新築のきれいなビルに行きたいとは誰もが思うことです。

けれど、**マネージャーは23人、そこに移動できるのは、たった3つの組織。**そこで、ボスがインセンティブをかけました。

「営業なんだから数字で決めよう。今月のTOP3の組織に移動権利を与える」

当時私は新米マネージャーではありましたが、どうしてもそのきれいなビルに移りたくて、そして、私の部下も当然それを希望しており、もう絶対に獲得すると、本当に全員でがんばってトップの数字を叩き出したのでした。

そしてめでたく我々はそのきれいなビルへの移動権利を一番乗りで獲得したのでした。

けれど、面白くない人はたくさんいます。

私よりもずいぶんキャリアのあるマネージャーたちは、**私たちの喜ぶ姿を相当腹立たしく見ていたようでした。**

引っ越し3日前に、いつも飲みに行ったり、仕事のことを教えてもらったりする先輩マネージャーに呼ばれました。

なんの話だろうと思って、笑顔で「なんでしょうか。先輩」と聞くと、彼はいつものやさしい雰囲気をまったく消して、真顔でこういいました。

「あのね、和田ちゃん。いやね、ちょっと荷が重くないか？　まだ部下も育ってないし、トレーナー（中間管理職）もいない組織なんだから、あんな広い場所に行っても使いこなせないよ。

和田ちゃんはマネージャーになって半年だろ？　まだ、この小さいところで下積みしないといけないよ、オレみたいに。そのほうが力がつくしね。

だから、**あのビルの移動権利を辞退してくれないか？**」

私は一瞬何をいわれているのかわからないまま立ち尽くしていました。

そして、ゆっくりと先輩の言葉を反芻《はんすう》し、ようやく「お前、降りろ」とやんわり命令されていることに気が付きました。

もともと私は、争うのが嫌だし、自分が我慢して、それで丸く収まるなら別にそれでいいやと考えてしまうほうでした。

だから、普段だったら、私だけのことだったら、本当はすごく悔しいけれど、「いいですよ。わかりました」とすんなり受けてしまう。**お世話になった先輩だし「嫌です」なんて絶対にいえない。**

私は下を向いて、下唇をぎゅっと噛んで、どうしようと思いました。

その先輩はとっても影響力のある人だったし、きっとここで断ったら、関係は悪くなるだろうし、私は孤立してしまう。

「はい、わかりました」といおうとしたとき、**私はみんながかんばって数字を出し**

て、達成したときに、抱き合って喜んだシーンを思い出しました。

みんな本当に新しいビルに行くのを楽しみにしているのです。

これでいいのか？

本当にこれでいいの？

数分過ぎてから、私の口から出た言葉は「できません……」でした。

私の普段の性格を知っている先輩は私のそんな態度にかなりびっくりして、怪訝《けげん》な顔をしながらいいました。

「えっ？　マジ？　おいおい、別に断ってもいいけど、お前、ここでやりにくくなるよ」

「はい、でも、**でも、私だけのことじゃないから。みんなでがんばった結果だから。**私、私、リーダーだし、あの人たちのマネージャーだから、私はそれ、ダメなんです。絶対に嫌です！」

そういうと、私はもうそこに立っていることができなくなって、くるっと、向きを変えてその場を後にしてしまいました。

走りながら涙が出てきて、悔しいやら怖いやらで、「もうなんだよ」と情けなくなり、そして「私、これから仲間はずれになるのかな？」などいろんなことを考えていました。

けれど、だんだんと清々《すがすが》しい気持ちになってきました。

あれ、こんな私もいるんだって。私って意外にやるじゃん！　いいたいこと、いわなくてはいけないことをきちんといえた自分を褒めたくなったのです。

強引に諭《さと》されると、いつも争いを避けて「YES」といってしまっていた私にとっては、「NO」といえたことは大変な進歩で、自分が強くなった気がしたのです。

そうかリーダーって、みんなの代表なんだよな。

自分の立場とか自分の状況とか関係ない。

みんなの気持ち、みんなの結果、みんなの意見、それをちゃんと代表として、どんなに怖くても、どんなにいいにくくてもちゃんと伝えることが、私の仕事なんだな。**決定権や権力を持って自由に行使できるのではなく、みんなの立場を守るため**

に、みんなが幸せになるために働くのが私の仕事なんだ。

こう気が付いた私は、自分の行動に自信を持ったのでした。

その後、確かに私はマネージャー間では「生意気」というレッテルを貼られ、孤立しましたが、そのことがさらに私を強くしてくれたし、何もいわれないように結果を残すようにしたし、何よりも自分の部下との関係がさらによくなったので、私はまったく後悔しませんでした。

リーダーはときに嫌われても、矢面《やおもて》に立っても、組織の代表として物事を考えること。**自分の立場で考えてはいけないと学んだ**のです。

11 信じて任せる

マネージャーに成りたての頃、私は誰よりも早く会社に行って、誰よりも遅く会社を出ていました。

自分の力が足りない分を自分の時間で補うしかないと思っていたからです。

当時はお休みもとっていませんでした。

お休みの日に部下がお客様のアポをとると必ず出社して、近くにいて何かあったらすぐに手伝える態勢を整えていました。

夜中でも寝ていても部下から相談があれば電話に出て、相手がすっきりするまで話をしたし、風邪で欠席した部下の仕事を代わってやることもよくありました。

大変だったけれど、そうすることでみんなが私を頼ってくれて、みんなの役に立てて、なんだかそれが嬉しかった。だからしんどいとはちっとも思っていませんでした。

でも、**これって単なる自己満足だったと後でようやくわかってきました。**

あるとき、夜遅くなっても、事務所で新人が接客をしていたので、それが心配で残っていると、ひとつ年上の男性の部下で中間管理職の平野さんにいわれました。

「和田マネージャー、もう帰っていいですよ」

「えっ？　大丈夫だよ、私は元気だから、新人くんもがんばっているし」と笑って答えると、彼は困ったように、「いや、そうでしょうけど、あとは僕が見ておきますので」というのです。

「いいよ、平野さんは自分の仕事があるでしょう？　私、今日は時間あるから、新人さんのフォローしておくよ。そのほうが楽でしょ？」

「いや、あの、任せてもらえませんか？」

「へっ？」

「だから、もっと信用してもらえないですか？」

「あの、信用しているんだけど」

「僕だって、自分の部下くらい面倒みます。**そうやって、マネージャーがいつも手伝ってくださるから、みんな甘えてしまう**んです。僕だってやっとひとり部下を持てたのに、なかなかすべてを任せてもらっていなくて、なんだか、僕じゃダメなのかなって悲しいんですよ」

「ああ……」

「僕では力不足ですか？　きっと僕だと不安なんですよね？」

「いや、そんなつもりでは……」

「確かに、和田マネージャーがフォローに入ったほうが確実に生産性は上がります。だから僕だってやってもらったほうがいいんです。でも、そんなことをずっと続けていたら、この組織は大きくならないんです。

現に前にも他のマネージャークラスの人に、『和田さんの組織はトレーナー（中間管理職）が育ってないよね』って、指摘されたって凹んでいたじゃないですか？」

「うん、そうだね……」

私はしゅんとしていいました。

「僕は、自分がトレーナーになって組織を大きくするお手伝いをしたいと思っています。**だから、もう、安心してください。**とにかく帰ってください」

彼はそういって席を立ち、新人が接客しているお客様のところに行きました。そして名刺を出し笑顔で挨拶していました。それは今まで私がやっていたことでした。

私はそれをぼんやりと眺めていました。そしてそのまま鞄を持って黙って事務所を出て、家に帰りました。

翌日、私はボスのところに行って、自分に足りないことを教えてくれるようにお願いしました。

「私、自分では一生懸命にやっているんですけど、**他のマネージャーよりも働いているし、がんばっているんですけど、これって間違っていたんですか？**」

「いや、ぜんぜん間違ってないよ」とボス。

「そうですよね？　だって合間にパチンコ行っているマネージャーとかいるじゃないですか？　私、ああいうのはできないんです」

「まぁまぁ。お前もたまにはオフィスを抜け出して、パチンコでも行ったらどうだ？」

「嫌です。私、臭いと音が苦手なんですもん」

「お茶でもしてきたら？」

「オフィスにコーヒーメーカーありますし……ってボスは、私がサボったほうがいいといっているんですか？」

「いや、そうじゃない。昨日、お前が部下にいわれたことは正しいんだ。**お前、構いすぎ、一緒にいすぎ。**みんなお前に甘えて、『きっと和田さんが助けてくれるから大丈夫』と思っているよ。**だから、お前の組織はフラットなんだよ。**そいつのいう通りだ。だからお前、これからは会社にあまりいないほうがいいんだ」

「甘えて……だって部下に愛情を持って接するとすれば、やっぱり、できるだけ一緒にいたほうがいいんじゃないですか？　頼ってもらえるっていいことじゃないんですか？」

「お前、オレがお前の部下に直接指導したことあるか？」

私ははっとして答えました。

「いえ、ないです」

「お前の部下とお前抜きで飲みに行ったことあるか？」

「いえ、ないと思います」

「新人のお前に、部下をつけてすべて任せるといったよな？」

「はい、そういっていただきました」

「じゃ、『お前では心配だから、手伝うよ』といっていたら、お前は今のように数字の出せる組織を作れたと思うか？」

「……」

「お前に、広告費30万円もかけて会社説明会をやらせたとき、オレはお前の話している会場に行かなかったよな？　それでどうだった？」

「はい、私は誰も助けてくれないと思ったから必死で練習して、3時間話しきりました」

「それでどうなった？」

「はじめてだったけれど、会社説明会は成功して、人がたくさん入ってきました」

「できるようになったよな」

「はい」

「そうだよ。最初からオレだってすべて上手くいくと思っていない。もしかしたらあの広告費の30万円をドブに捨てることになるかもしれないと思っていた。けれど、オレにとって広告費はどうでもいい。**オレはお前に投資したんだ。**和田裕美という人間を信じて任せたんだ。**お前の成長を願っているから、任せているんだよ。**いいか。**それが本当の愛情**ってもんだ」

私がよいと思ってしていたことは、部下の幸せのためにと思ってやっていたことだけれど、**本当はそれっておせっかいで、自己満足で、過保護で結局は自分の組織の数字を落としたくないという自分のためだったんだ**とようやくわかりました。手を差しのべることよりも信じて任せることが、本当の愛なのだと深いところで理解できたのです。

それから私は「あとはよろしく」といって任せることができるようになり、一時的に数字は落ちたものの、その後はどんどん結果が出るようになりました。

わだのエール

自分ひとりで乗り越えること

私は「もうダメだ」「嫌だ嫌だ」とうだうだいう人にはちょっと距離を置いてしまいます。マイナスの感情は自分でしか解決できないものです。

一度は誰かに助けてもらっても、また同じようなことがあると同じように苦しむでしょ？　そして前回と同じように助けてもらおうとしても、人って何回もやさしくしてくれないものなんです。だから孤独になって、自分で起きられない人になってしまう。

本当のやさしさは、食べさせることでなくて、食べられるようにすること。絶対に自分で立ち上がれるから、まずは立って欲しいと思うことです。

自分でなんとか這い上がって、地面からちょっとでも芽を出してみるぞと動こうとしている人には、太陽みたいに（私のできる範囲で）手を差し伸べたいなと思うのです。

12 「なぜなぜ攻撃」をやめる

相手に考えてもらうような質問と、相手を詰めていく質問があります。**人を育てるときに一番やってはいけないのが、当然、後者の「詰める」という質問です。**

「なぜ、もっとがんばらなかった?」「なぜ、そんなことをした?」「なぜ、気を付けなかった?」「なぜ、前もっていえなかった?」「なぜ、あと少しねばらなかった?」という「なぜなぜ攻撃」です。

誰だってミスをしたくてしたわけじゃないし、怒られたくてそんなことをしたわけじゃないのです。

だから「なぜ?」と聞かれたら答えに困ります。

なんにもいえず、黙ってしまう。そうしたら「なんで何もいわないんだ!」とさらに怒られる。もう反省するとかしないとかを超えて、なんだか怒られていることが理不尽に感じてしまう。

そうすると今度は、(たとえそのミスが紛れもない本人の過失だったとしても)「なぜだ!」と聞いてくる相手に対して反感さえ持ってしまうのです。

これは最近のことですが、**私の知っている会社の人に口癖で「WHY?」という人がいたのです。**

「○○さん、これ、今日送り忘れたんです」と後輩がミスを報告すると、ちょっと肩をすくめて両手のひらを上にして「WHY?」と彼女はいいます。

後輩は困ったような顔をして、「すみません」というのです。

たまたまその会社に行ったときに何度か彼女の「WHY?」に遭遇してしまった私はとっても気になって、その女性の上司にあたる人にさりげなくいいました。

「あの、おせっかいだとは重々承知しているのですが、あの○○さんの『WHY?』っていうのちょっとやめさせたほうがいいです」

「えっ何?」

「だから、彼女の『WHY?』っていう癖ですよ」

「えっそんな癖……ああ、確かにいっているような。でも、上司である僕にはいわないから注意してなかったよ。それって大事なこと? 和田さん」

「はい、とっても大事です。


人って『なぜ?』っていわれても、わからないし答えられないことが多いんです。もっと違う指導方法にしないと、きっと彼女は後輩に嫌われてしまいます。


悪い人じゃないのに人がついてこなくなるのはもったいないです」

「そうか。見過ごしていたけれど、それって大事なんだね」


「なぜ失敗した?」ではなく「そうなの? でその後、どうしたの?」とか、「わかった。で、これからはどうしようと思いますか?」とか、「終わったことは仕方ないけど、早急に対応してくれてありがとう」とか、「そうか……でも正直にいってくれて嬉しいです。これからどうしたらいいか一緒に考えよう」というような反応をして相手に考えてもらうような質問をすれば、**相手はもっと成長できるし、信**

頼関係も生まれやすくなります。

もし自分が「なんでだ！」ばかりいっているとしたら、言い方を変えるだけで環境がずいぶんと変わるはずです。

わだのエール

素直とわがままの違い

「素直」に何でも感じたことをいっていいとか、感情を「素直」に表現してもいいとか、それって、行き過ぎたらただの「わがまま」ですよね。

素直っていうベースは「受け入れる」ことからです。相手の言葉を「素直」に受け入れる、人の意見を「素直」に聞き入れる、それから、感謝を「素直」に表現する、相手のいいところを「素直」に伝える。これが本当の「素直」だと思います。

「素直」には「柔軟さ」が入っているのです。

13 1日1回、熱中する

仕事をしていると自分に合っている仕事も合ってない仕事もあると思います。

何のために毎日こんなことをやっているのだろう？　と泣きたくなることもあると思います。

けれど……。

もし、あなたがそこにいるのなら、そこから「楽しさ」を見つけて欲しいと思います。

無責任に聞こえるかもしれませんが、今日も同じようにそこに行って仕事をするのなら、1日の中で「楽しい」と思える時間、**たった5分でもいいので「わくわく」する時間を持って欲しい**のです。

1日に1回、何かに熱中する時間があればきっとそれは「楽しい」ことになります。

人生の中に「熱中期間」があれば、きっとそれはすばらしい結果をもたらす人生になると思います。

電話営業も企画も交渉も、どんなことにも、「今、ヒートしている」と感じてやってみることです。

熱くなって「さぁ、やるぞー!」と思うだけで心はどんどん熱くなれます。

熱は自然に発生するものだけではありません。

自分の内側から必死で、一生懸命に取り組むときにどんどん発生するものです。

単調なことであっても「熱中」して取り組んでください。

誰かが見ています。

その誰かとは、あなたの部下であり、あなた自身でもあるのです。

14 「自分のため」が「会社のため」

部下から日々いろいろな質問が舞い込んできます。

あるとき、ひとりの部下が私に質問してきました。

「あの、仕事をしているとよく『会社のために』とか『お客様のために』とかっていわれるじゃないですか？　私、よくわからないのです。自分のために生きるのか？　人のために生きるのか？　自分のための人生なのか？　人のための人生なのか？　どう生きたらいいのですか？」

なんと、哲学的な質問！

こういう質問には「これだ！」という正しい回答が存在しないので、なんとなく答えにくいものです。だけれども、自分の思うところを伝えました。

「あのね、私は自分のために生きるし、自分のための人生だと思って生きているけど」

「そうなんですか？　でも、会社のためや数字のために我慢しないといけないこととかあるし、なんか『ＦＯＲ　ＹＯＵ精神』とかっていうし、誰かのためならがんばれるっていうじゃないですか？」

「それはそうだけど、誰かのためにがんばるために、まずは自分が健康でないといけないでしょ？」

「はい」

「だからまずは自分なんだよね」

「ああ、そうか」

「財布に１００円しかなくて、１００円の電車賃で帰ろうとしているときに募金する？　私はお金がないとき『募金お願いします』っていわれて、『私に募金して欲しいくらいだ』と思っていた（笑）」

「私も募金はたぶん、しません」

「心も同じ。今自分の心がカラカラだと何もあげることができない。英語でいうとＮｅｅｄの状態、Ｎｅｅｄは欠乏するっていう意味もある。欠乏して何かを求めているときは、まずは自分を満たしてあげていいと思う」

「じゃ、私のために生きていいのですか？」

「うん、そうだと思う。一番は自分、だからこそ周囲を幸せにできる。あのね、元ソニー・ミュージックエンタテインメント社長の松尾修吾さんの言葉で『個人の幸せの延長線上に会社の幸せ』というのがあるの」

「個人の幸せの延長線上に会社の幸せ……」

「うん、個人が幸せになってそれから家庭の幸せ、会社の幸せがある。だから松尾さんは部下に、会社のために何かをやれっていったことがないらしい。私はこれを本で読んでからずっと自分もそうあろうと思ってやってきたし、みんなにも、会社のためにがんばれとかいわないようにしているんだ」

「私のために生きることが、会社とか誰かのために生きることになるんですね。しっくりきました。聞いてよかったです。和田マネージャーの言葉、いい言葉ですね。ありがとうございます！」

「うん、**結果を出して、自分が嬉しくて、そうしたら会社も嬉しいでしょ？** それでいいの。あ、それからこれは松尾さんの言葉だよ（笑）」

リーダーは「会社のためにやれ」とはいってはいけないのです。

終始、「自分のためにやれ、それが周囲のためになる」と言い続けるのです。

わだのエール

時間の使い方だって「自分」次第

「自分の時間は自分の寿命です」。以前、ある本の冒頭にこう書きました。当たり前ですが、自分が生きている時間をどのように使うかで人生が決まるのです。

私は時間の使い方に関してはノウハウよりも考え方だと思っています。効率よく時間を使うには、「決断が早く、集中力があって、どんなことでも楽しもうとして、人に頼むことができて、NOということができる」ことが必要になります。これはノウハウじゃなくてまずは「自分」次第というやつです。ああ、いやだ、ああ辛いと思って1日を過ごしたら、やっぱり、「辛いなあ」と思う時間が長くて、笑っている時間よりも眉間にシワをよせている時間が長いのです。

自分の時間はできるだけ笑って使いたいですね。

15 リーダーはスーパーマンじゃなくていい

リーダーやマネージャーという肩書きは、当たり前ですが人の上に立つ立場を表しています。

だから、ついついその立場だけで「こうあるべき」と威張ってしまう人がいますが、この肩書きというものは、部下に対して上下関係を明確にするものではなくて、その人の今までの成果、貢献などを評価するためにあるのだと私は思っています。

さらにその人に、

「○○さん、あなたは課長なんです。だから課長にふさわしい仕事をしてくださいね。あなたはもう係長ではないんですよ。新入社員とは違いますよ」

という自覚を持ってもらうためのものなのです。

私は**上司になったからといって、急に完璧な人にならなくてもいいと思っているし、そのほうが部下も親しみを持って接してくれる**のだと思っています。

私がリーダーになったとき、最初はやっぱり、毅然《きぜん》とした態度でいなくてはいけない、上司として信用してもらうためには、しっかりした人間を演じないといけない、決してへらへらせずに完璧な人だと思われないといけないと信じていました。

そこで、なんとか格好だけでもそう見えるようにならないかと、自宅の鏡の前で胸を張って、「やぁ、おはようみんな」と颯爽《さっそう》としてオフィスに入るシーンを練習したりしていたのです。

しかし、鏡の前の私はどう見ても男性のリーダーとは雰囲気も違うし、外見からして頼りなさそうでリーダーには見えない。

私ってリーダータイプじゃないなぁ……と勇気を失いかけたときに、ちょっと原点に戻って、いろいろな先輩やマネージャーの中で私が一番尊敬し、人間的に好きな上司をあらためて思い出してみたのです。

自分が部下だったときって、どんな風に上司を見ていたかなと。

「きっと私よりもなんでもできちゃうスーパーマンみたいに違いない」と思い込ん

でいたときもあったけれど、**上司も失敗はするし、忘れたりもするし、寝坊もすれば、風邪もひくんだとだんだんとわかってきました。**

しかし、それを知ったときに、がっかりしたという記憶はなく、上司として敬う気持ちも変わりませんでした。逆に身近に感じて嬉しくなったぐらいです。

こんな当たり前のことを……と思われるかもしれませんが、きちんと思い出して自分の感情の変化を見つめ直してみないとわかりません。**冷静にならないといつだって答えなんか見えてこないのです。**

それがなんとなくわかってから、私のマネージメントスタイルは、私っぽい、私なりのスタイルになっていったのです。

私はそれから新しい人が配属されてきたときの最初のミーティングでこんな風にいうようになりました。

「あの、私は皆さんの上司です。頼りなさそうに見えるかもしれないし、『ああ、女性か……男性の上司がよかったな』と思う人もいるかもしれません。確かに私はまだ他の人よりも年齢が若いし、女性であるのは事実です。

とにかく、今、皆さんの目の前にいる和田裕美という人間が、皆さんの上司になってしまったんです。**いいとか悪いとかではなく、これも何かのご縁なので、そのところはどうか受け止めてください。よろしいですか？**」


ここで返事を待つ。


「あ、ありがとうございます。えぇっと、私が新人の頃、上司とかリーダーっていうのは、自分よりも給料も高いわけだし、自分よりも仕事ができて当たり前で完璧な人であるべきみたいなことを思っていたこともあるんです。

けれど、そうではないのです。みんな同じ人間で、同じような身体の仕組みを持って生まれてきて生きています。

人としては誰が上とか下とかなくってみんな平等なんです。私は決して完璧でないし、よく忘れるし、飲みすぎてすごい後悔するような失敗をしたこともあります。

苦手な人もいます。そんな人間が皆さんの上司なんです。

どうですか？　がっかりしますか（笑）。

でも、これも変えられない事実です。死ぬまで直らない部分もあると思うし。けど、ひとつだけ私が自信を持っていえることがあります。それは、**私が皆さんよりも、この仕事において、先にいろいろな経験をしてきた**ということです。

私は思いも寄らないアクシデントや、逃げたくなるような状況も越えてきたという自信を持っています。

そして、仕事において成果を出して、**その成果に対して正当な評価をもらって、今、リーダーという立場になった**んです。

だから、皆さんは私から、この部分を吸収してくだされぱいいのです。欠点に関しては決して真似しないようにしてくださいね（笑）。よろしいですか？」

ここで返事を待つ。

「はい、ありがとうございます。あと、私にはできないことがたくさんあります。いろいろと教えてください。

組織というのはさまざまな色を持っている人の集合体です。

だから価値観の違う人もいます。考え方が合わない人もいます。けれどだからこそいろんな色の絵の具で一枚の絵がかけるのです。

皆さん一人ひとりが生かされている色であって欲しいんです。

どうか、今の自分の個性に自信を持っていてください。

そして、お互いに助け合って認め合って、理解し合って、尊重し合って支え合って一緒にがんばっていきましょう。

今はこんな私ですが、どうかよろしくお願いします」

このようにきちんと最初に伝えるようになって、私は自然体でマネージメントができるようになりました。

これはあくまでも私の場合です。

自分自身が居心地よく自然体になれるように、まずリーダーそれぞれが自分なりの言葉にして、素直に正直に伝えておくことは本当に大事なのです。

16 自信が持てないときは

人がついてこない。人が辞めていってしまう。一生懸命にやってもなかなか結果がでないときがあります。

そんなときは、自分に自信がなくなって、なんだか自分の存在なんてとてもちっぽけに思えます。

自分に対する「誇り」をまったく感じられずに、自己嫌悪になってしまったりもするものです。

けれどそれは、**素直になるためにもらった大切な機会**です。

自信がないときだからこそ、素直に人の意見が聞けて素直に受け入れることができます。

落ち込んでも、素直になれる心があればあなたは自分を誇りに思ってもいいのです。

「素直になれた自分は偉い」とそこから自信を取り戻してください。

そして、自分のいいところを探します。

自慢できる家族があるとか、辛い過去を乗り越えた経験があるとか、人を助けたことがあるとか、手作りカレーの味には自信があるとか。

なんでもいいのです。

自分を誇れる部分を探して自分で自分を褒めてあげてください。

誇りを持ってくださいね。

今、一生懸命に生きていることにも誇りを持ってくださいね。

意外に自分ってすごいじゃん、と思えたらきっと笑えます。

それが復活のきざしです。

わだのエール

気配を変える呪文

自信がないときって動けないですよね。自信まんまんで動いている人を見て、「私には無理」って思ってしまいますよね。わたしもです。

いろいろなイメージから、私はけっこう自信満々でやっているように思われるんですが、けっこうどきどき、ビクビクしてます。情けないくらいに。けれど、はったりでやっています。心の中で「うわ〜もう無理」と思っても、見栄をはって堂々としています。心は後ろ向きで態度は前向きなわけです（笑）。

顔を上げて必死で、笑顔でいると、心があとから追いついてきて、だんだん、大丈夫かも？　となってきます。で、時間差で心も前向きになるのです。

凹んでいるときは「やった〜、すげ〜、ばんざ〜い」と笑顔で声に出すだけで気配が変わるから、呪文みたいにやってください。へんな人だけどね（笑）。

17 自分の手に負えない部下がいたら

リーダーとかマネージャーになると、その人たちだけが参加できる「マネージャーアップミーティング」というものがありました。私のような新人マネージャーもいれば、5年以上のベテランマネージャーも一緒の会議で、我々のボスがマネージャーたちに厳しい喝《かつ》を飛ばすのです。

その日は特にボスの喝が強く激しく、私はびくびくして参加していました。

それはひとりのマネージャーの組織の定着率が悪いという指摘からはじまりました。

「正木、お前のオフィスは人を入れてもいつも辞めていくよなぁ。お前がよくやってくれているのはわかるけれど、人をひとり採用するのにも採用コストがかかる。

そんなにぼこぼこ辞めていったら、お前の組織でどれほど売り上げが上がってい
ても、コスト面から見てマイナスになってしまうぞ。お前がいつか独立したときに、
そのマイナスは大きな痛手になってしまう。

なあ、そのへんはどう考えている?」

正木さんはとても勢いがあってまさに特攻隊長のような強さを持っている人。私の尊敬する先輩のひとりでした。

彼がいいました。

「はい、申し訳ありません。せっかく人材を配属してもらっているのに定着率が悪くご迷惑をおかけしております」

「謝る必要などない。オレはどう考えてるか聞きたいんだ」

「はい。私は『ついてきてくれる人だけついてきてくれたらいい』と思っております。**マイナスな人に向かってエネルギーを注ぎたくはないのです。**

少数であっても数字を出す自信はあります。

なので、部下の定着率に関しては正直今まで気にしたことがありませんでした」

私は正木さんのこの発言に心の中で激しく同意していました。

当然、ボスも「そうだな」と同意すると思っていた私は、次のボスの声を聞いて自分が怒鳴られたような気持ちになりました。

「ばかやろう！　お前、甘いぞ！　なぁ、従業員1000人の企業が傾いたとき、たったひとりのリーダーだけで立ち上がることがある。どうしてだと思う？　そいつが人を大事にするからだ。末端の人間をやる気にさせる力を持っているからだ。『ついてきてくれる人だけで、あとは辞めたらいい』だって？　お前、何様のつもりだ！

去っていく彼らが『もう無理だ』と決めるより先に、『こいつはもうダメだ』とお前が先にさじを投げたんだよ。

いいか、もっともっと本気になってくれ。本気になって、一人ひとりの人間の可能性を信じてやってくれ。

なぁ、正木、お前は新人の頃、うだつの上がらない時期がどれくらいあった？」

「はい……半年です」

「そうだよな。でもなオレはお前を『こいつはもうダメだ』とか思ったことないぞ。

お前はあのとき暗くてマイナス思考でうっとうしかったけど。でも、オレは正木が好きだったぞ、この会社にちょっとでも人生の時間をかけてくれたお前がな」

新人マネージャーの私は末席にいたので、後ろ姿しか見えなかったのですが、正木先輩の肩が震え、一瞬泣いているように見えました。

でも先輩は気丈にもしっかりした声で「はい、ありがとうございます」と返事をされました。

いや、泣いていたのは私でした。

反省でいっぱいになり、涙をこらえることができなかったのです。

この言葉はまさに私にいわれているみたいで、ぐさぐさと心に刺さりました。

私はとにかく、面倒なことが嫌いだったので、**自分の手に負えない人が前にいると心の中で「どうか早く去ってくれますように」と願う新人マネージャーだったん**ですから。

ボスは他のマネージャー全員に向かっていいました。

「自分のやり方や自分の能力に問題があるとは思わず、いつも部下の能力に問題があるとするのか？

相手のせいでなく自分には悪いところがなかったか？　本当に、一人ひとりに対して向かっていったことがあるのか？

人を育てるということは、そいつの人生を預かるということだ。さじを投げる前にすべてをやりつくしたか？　他の方法がないか？　愛を持って接していたか？　よく自問しろ！　そこで、自分もまだ何もできてなかったと気付いたらそれが何よりも『学び』になる。腹をくくれ、いいな。そして定着率を上げろ！」

辞めて欲しいなんて思っていた私は、この時点で人の上に立つ資格のない人間でした。

私はこのときに、自分の前に来た人、自分とご縁のある人には、相手が私を嫌いでも、私がその人を苦手でも、今の自分にできる限り、精いっぱい向かっていこうと決心したのです。

18 目標が高いからこそ人が伸びる

では、精いっぱい部下に向かっていくためには何から手をつければいいのか？

前項の会議中、周囲を見渡せばボスの話を他のマネージャーはうんうんとうなずきながら聞いていました。心底理解しているようです。

おそらく、「じゃ、どうしたらいいのか？」と方法がわかっていないのは、私くらいです。そこで私は勇気を出してその場で質問してみました。

「あの、その人、その人に向かっていくというのは、どのようにすればいいのでしょうか？」

ボスに質問するといつだって答えをすぐにはくれません。このときもいつものように「そうか、そうだな。和田はどう思う？」と聞き返されてしまいました。

「はい、私自身が熱心に真剣に、彼らの未来が幸せになるように考えることとか、丁寧にトレーニングするとか、可能性を見出すとか、あきらめないとか、信じ抜くとか……あと、ボスがいつもおっしゃっているようにひけない一線を持つことなどだと思いますけれど……」

「けれど？」

「実は迷うことがあります。それは、目標を示してそれを追ってもらうときに、それが彼らにとって高すぎると感じたら、一人ひとりと話して基準って下げるほうがいいのでしょうか？」

「いや、下げるのではなく、自分の基準で考えないってことなんだよな。個人の目標は個人の可能性において、できるだけ基準は下げないほうがいいんだよな」

「自分の基準？」

「うん、**私ならここまでできる。私ならこうする。私ならこう考えるという自分の基準を相手に求めすぎたら人をつぶしてしまう**ってわかるか？」

「はい、なんとなくわかります」

「私ならこれくらい動けたのだから、あなたもできるはずだ、という気持ちで指導すると相手がそれに満たない場合になんて情けない奴だと思ってしまうし、リーダーがひとりでイライラしてしまう。伸び悩んだ組織にありがちなことだよな」

「はい。相手をよく見てあげて、それぞれの速度や個性を見て、自分と比較しないでやってみます。でも、基準は下げないというのは？」

「**いったん決定した基準や目標を下げるということは、『もう100点は無理だから、君は50点でもとれたらいいよ』ということと同じ。**嬉しくないだろう？プレッシャーは軽くなるかもしれないけれど、モチベーションは下がる。能力も行き詰まってしまう」

「はい。では個人の基準を決定したら、その人ができると信じてそこに向かってトレーニングを続けるようにしたらいいんですね？」

「うん。あとは**基準を下げると一人ひとりの価値が下がる**んだ。レベルの低いところで部下が結束すると、必ずといっていいほど反発をすることになるから」

「そうなんですか？」

「ああ、昔、ある大きな企業でストが起きたときがあってね。そのときその会社の社長がいったんだよ。『その要求をのめば、間違いなく会社はつぶれる。しかし、それでもそれをお前たちが望むのならやれ』と。そこでようやく社員は自分たちの要求があまりに不当だとわかるんだ。

目標が低くなっていくと意識が低くなって、考えることが悪いことばかりになってしまうし、自分たちの望むことが、会社をつぶしかねない要求であってもそれに気が付かない人になってしまう。

これは歴史上、いろいろな組織でも起こってきたことだから、あくまでも個人の能力に合わせてではあるけれど、基準を下げてはいけないんだ」

「ということは、いつも個人が高い目標を持って、高いところを見てもらうように私も努力していけばいいんですね」

「その通り!!　いい質問をありがとう」

そういってボスは私のそばに来て、いつものように私の肩をぽんぽんと2回叩きました。リーダーになるとこういう新しい学びがたくさんありました。

19 「なぜならば」が相手を動かす

部下には、とにかく丁寧に説明することです。

相手が納得して「ああ、そうか」とわかってもらうにはどうしたらいいかということも考えて、その伝え方を工夫するのもリーダーの仕事です。

自分が当たり前にわかっていることや、「これって常識でしょ」と思っていることであっても、人によっては当たり前でもなく常識でもないこともあるからです。それが育った環境や時代などいろいろな要素で変わってくるので、手を抜いてしまってはいけない部分だと私は思っています。

あるとき、ひとりの新人さんに「笑顔になってね」といいました。

そうしたらその新人さんは「笑顔って普段しないのでできないんですよね」と

しゃあしゃあと答えるのです。

私は営業を教えていて、彼も営業だとわかって入社してきているのですから、今さらお前何をいうんだ？　と一瞬むっとしてしまいましたが、でも、そこを抑えてよく聞いてみることにしたのです。

「あの、人と接するときに笑顔って大事でしょ？」

「そうなんですか？　僕は無意味な笑顔で寄ってこられると気持ち悪いです」

「じゃ、私って気持ち悪い人？」

「いえ、知っている人ならまだいいけど、知らない人が笑ってきたら、なんか怪しいと思うだけです」

「**そうか、そう思うんだね。**そういうような笑顔も確かにあると思うけれど、多くの人の笑顔はそんなに裏のないものだと私は思っているよ」

「はぁ……」

「**あなたの考えは間違ってないけれど、世の中の人はそんなに悪い人ばっかりじゃない。**いい人もたくさんいるし、相手を幸せにする人は、１００％といっても過言でないほどに笑顔を相手に向けている人なの。ね、好きな人がいて、その人が笑顔ではようっていってくれたら嬉しくない？　むすっとして無視されるよりは、嬉しくない？」

「それは……そうかもしれません」

「嬉しいよね？」

「はい」

「私たちはお客様を幸せな気持ちにしたい。笑いかけてもらうと多くの人は幸せになる。あなたが笑ったら目の前の人が幸せになる。そしてあなたは相手に笑いかけたとしても、怪しい人じゃないの。そうでしょ？　だから笑う。

嬉しい気持ちを相手に差し上げるためにまずは自分から笑う。そうしたらね、相手からも笑顔が返ってくるんだよね。そしてなんだか幸せな感じが循環するんだよ」

「自分とは違う、そういう考え方もあるんですね」

「ね、やってみないとこれはわからない。自分から笑顔で接するようになると、必ず世界が変わるよ。**たくさんの笑顔リターンがあるから。**やってみてくれる？

というか、この仕事をするのなら、絶対にやってみてください」

「はい、わかりました」

「だから、ここでにこっと笑顔!」

「は、はい、え、えがお」

「あ~まだ顔が硬いなぁ」

「顔、だんだん慣れますか?」

「うん、顔の筋肉鍛えられるし、顔もかっこよくなるよ」

「がんばります」


「ということで、『笑う』。なぜならば?」


「ええ、相手を幸せにし幸せを循環させるため……ですね?」

「そう! その通りです」


この場合のように、彼に「笑ってください」というだけでは足りません。**「笑ったほうがいいの、なぜならば……」という説明があってこそ、相手の納得があり、相手の行動があり、相手の変化があるの**です。

20 「変化に強い人」になる習慣

世の中どんどん変わりますよね。今日いいと思っていたことも、明日になったら、もっと違う方法が生まれたりします。

リーダーになるとこの変化と上手くつきあっていかないといけません。

変化があるたびにおろおろしたり、迷って決められない人が上司だと、その人を頼れますか？

頑固にも昔のやり方に固執し、一切の変化を受け入れない人があなたの上司だったら、その人についていけますか？

無理ですよね。

それに新しいことが生まれなくなった組織はいつか崩壊していきます。

だから、リーダーは変化に対して強くないといけないのです。

生き残るか残らないかも、すべてはリーダーの決断と行動にかかっているのです。それはひとつの国をとってみても同じことです。

「国のトップじゃないのだから、そんなに責任は重くないよ」という人もいるかと思いますが、**たったひとりでも部下がいたら、やっぱりその人の仕事のあり方に影響してしまいます。**責任の大きさの差はあれど、やはり、抱えていくものは同じです。

それがプレッシャーになってしまわないようにするには、リーダーはとにかく今からすぐにでも「変化に対して強い」人になっていかなくてはいけません。

「変化に対して強い」というのは以下の3つの力を兼ね備えた状態だと思います。

- **何があっても動じない「精神力」**
- **いい変化だと思うなら素直に新しい方法に切り替える「柔軟性」**
- **変わろうと決めたらすぐに行動できる「決断力」**

けれど、この3つはそれぞれ性格が違うものなので、なかなかバランスをとれない人が多い。

私の場合はもともと単純で影響を受けやすいタイプだから、変化に対しての柔軟性は最初からあるほうでした。

けれど柔軟であるからこそ日和見《ひよりみ》的で、「あっちがいいかな」「また新しいのが来たね」と迷って決断できない部分もあったし、あちこちに影響されて、「どうしよう」と、ふらふら、あたふたしてしまう部分もあり、決断力も動じない精神力なども、リーダーになったばかりの頃は皆無だったのです。

けれど曲がりなりにも人を育てるという立場になったとき、何か問題があるたびに「どうしよう、どうしよう」と悩んでいる私に、先輩が「和田さん、悩んでいる暇あったら、どうしたらいいか考えなよ、あんたリーダーだろ」と活を入れてくれたのです。

「世の中、変わって当たり前。変わるたびにおたおたしていたら、変化に置いていかれるよ。あんただけじゃなくて、あんたの部下も巻き添えになるんだ」

そういわれたときに、ああ、自分がとる責任は、私だけの人生ではなくて、部下の人生もなんだと思いました。

「私は流されやすいんです」といっていられるのは、自分の行動の責任をとるのが自分ひとりでいいときだけです。

いったんリーダーになって、ひとりでも部下を持ったなら、私の行動も決断もすべてが部下の未来になっていきます。

だからこそ私は、どうせ責任をとるのなら、何もせずに後悔するよりも、前に進んで失敗するほうがまだましだと考えて、**ちょっとでもいいなと思うことは即決することに**決めたのです。

そして何か起こっても「大丈夫なんとかなるから」と部下の前では、内心どきどきしていても、堂々としているように心がけたのです。

でも、これらは徐々に癖になるまでは完全にはできませんでした。やっぱり迷う私もいたし、おたおたする私もいました。

これが癖のようになって本当に自分のものになるのは、変化の波を何度も何度も受けて変化の場数を踏むようになってからでした。

だから、**性質的なことはだんだん自然に体得していける**ものだと思っています（真剣に向かっていった場合のみです）。

前述の先輩がこんなことをいっていました。

「何も変えたくなくて立ち止まっても、周りが動いているのだから、自分は止まっているんではなくて後退していると思いなさい。**じっとしていても、まるで下りのエスカレーターに乗っているように下がっているんだよ**」

私は立ち止まりたくないし、できれば走って上っていたい。この言葉を聞いたときに思ったのです。

21 「相手中心」でやってみる

誰だって嫌いな上司の下で働きたくはないのですから、リーダーになったらできれば好かれていたほうが組織は上手くまわりますよね。

私もとにかくボスを尊敬したし、好きだったからがんばれたのだと思います。だから「好かれる」って大事なことなのです。

しかし、「好かれる」ことは「媚《こ》びる」ことでもないし、気を遣いすぎることでもないのです。

ましてや、仲良しグループみたいな「なぁなぁ」の関係になることでもありません。好かれたほうがいいといいながらも逆説的ではありますが、リーダーは誰よりも**「自分がどう思われているかを気にしない」**ほうがいいのです。

いつも部下に怒れない中間管理職になってまだ2カ月の嶋田さんは、とにかくやさしい男性で穏和な性格の人でした。**でも、やさしいだけでは人はついてこないのです。**いいように扱われて、部下も彼を尊敬している態度ではありませんでした。

最初はまだリーダーになったばかりだし、今はできないことも多いのは当然だし、何よりも「これも彼の個性だからいいや」と放任、傍観していた私ですが、たった2カ月の間に配属した5人のうち4人が**「嶋田さんの下ではやる気が出ない。できれば他に移りたい」**と直談判《じかだんぱん》してくるし、残りのひとりは知らないうちにいなくなっていたので、もうこれ以上は放置できなくなり、嶋田さんがこのままリーダーとしてやっていけるのか、彼とじっくり話してみることにしたんです。

「嶋田さん、リーダーってどうですか？　いろいろあるみたいだけど、問題とかわからないとこありますか？」

「はい、ぼ、僕には向いてないのではと自信をなくしています」

「うん、どういうところが？」

「はい、注意とかするの苦手なんで。ご存じのように部下も定着しませんし」

「うん、誰だって注意するのはあまり得意でないよ。でも、それをするのが仕事だからするんだよ」

「そうなんですけど……いいにくいし」

「なんでいいにくいの？」

「なんでっていわれても……」

「ねぇ、人に嫌われるのって嫌だよね？」

「はい……嫌です」

「相手から好かれていたいとも思うよね？　素直な気持ちで」

「はい……そうですね」

「私も同じ」

「和田さんも同じなんですか？」

「うん、私、異常に人の顔色をうかがう軟弱者だもん、もともとは」

「そう見えないです」

「でも、リーダーという人の上に立つ立場になったとき、自分を変えないといけないと思ったの」

「はい」

「私は人を育てる立場に立たせてもらっているのだから、その人たちが遅刻したら、自分のためじゃなくて相手のためにそれを注意しないといけない。けどね、自分が相手から嫌われるのを怖がってそれをいわないというのは、なんか、自分のための仕事になってしまうでしょう？」

「そうですね……」

「だから私捨てたの、自分中心で考えてしまういろんなものを」

「それは？」

「うん、**『自分を好きになって欲しい』『自分を尊敬して欲しい』『自分がすごい人だと思われたい』とかいうような、『自分中心』のものたちを捨てた。**

いや、正直いうとまだすっかり捨てることができたわけじゃないけど、とにかく自分がリーダーでいるときは、それを意識しないようにしたんだ」

「自分中心……のものを……」

「その代わりに、『自分』の部分に『相手』を入れて考えるようにした。**『相手を好きになる』『相手を尊敬する』『相手をすごい人だと思う（ところを見つける）』。**そんな感じで『相手中心』にしてみたら」

「はい」

「そうしたらね、嫌われるかなとか考えないようになった。だって『相手を好きになる』のだから、相手のためにいうのだもの。自分はそこにないの。怒っていうのは、相手のことを真剣に思っているから。

どうでもいい人だったら、エネルギーがもったいなくて怒れない。嫌われるかよりも、相手のこれから先の人生のためになるかどうか。もうそれだけにしたの。**だってさぁ、どんなに一生懸命したって上司ってたいてい嫌われない？（笑）。**

嶋田さんだって私が『どりゃー』と怒ったら、ちょっとくらい『嫌だなぁ』と思ったときあるでしょ？　私がオフィスにいたら、のびのびできなくて、うざいなぁと思ったときあるでしょ？

どうせ、そう思われる、疎ましい存在なのだから、もういい。それでもあなたがリーダーをやっていくのなら、嫌われることを恐れてはいけないよ。

嫌われてもいい。１００％でなければ。そのうちの10％でも私のことを好きでいてくれたらいい。そう思うとなんだか、楽だよ」

「10％の好きでいい……ですね」

「うん、いや、本当はやっぱり90％くらいは欲しいけどね（笑）。いいの、それがリーダーだから」

「僕も『相手中心』でやってみます」

「うん、向いているか向いていないかなんて、もっともっと続けないと答えは出ないよ。けど、自分の人生の中でリーダーという人を育てる経験、人の上に立つ経験を持てることは財産だから、絶対に続けて欲しいというのが唯一の答え」

「はい、部下の好き度5％から出直します！」

「低う（笑）」

嶋田さんは私と似ているのです。

だからよくわかるのです。こんな人は思い切って、**もういいや、思う存分に私の悪口でもいってくれ！　というくらいに開き直っていけばいい**のです。

「相手中心」にすることはそんなに難しくありません。

そして、**「相手中心」のほうが愛は返ってくる**のです。

22 成り行きに任せる

物事にはどうあがいても上手くいかないことも、納得いかないこともあります。
どうせやっても無意味に感じたり、どうせやっても自分には絶対に無理に思えることもあります。

だから？

だから、もうやめますか？

だから、もう捨てますか？

だから、もうあきらめるのですか？

それが到底、無理なことだと思っても、今の自分の限界でできるところまで必死にやってみてからそんなことを考えたほうがいいです。

やるだけやってあとは成り行きに任せる。

やるだけやったならば、たとえ、思うような結果でなくても私たちは成長できるし決して後悔もしないのです。

そしてそんな人には、**奇跡みたいなことが起こって本当に大逆転が起こったりするのです。**

その後の人生が変わってきます。

人には、中途半端にやっておきながら誰かが達成したときに、「自分ももっとやればよかった」とか、「本気を出せばオレにもできた」とか、みっともないことをいう人がいますが、**必死で向かっていったから成り行きに任せても運が味方してくれるのです。**

何もやっていない人が成り行きに任せたら後悔という海で漂流するだけです。

わだのエール

人生の底のときどうするか

今すごく落ち込んでいて「人生の底だ」と思うような人がいるかもしれません。そんなときは「幸せ感度」を高くして「悲しみ感度」を低くして生きていくことを考えて欲しいと思います。

以前、五木寛之先生と対談させていただいたとき、「昔、半畳に6人くらいで折り重なって寝たり、ろくに食べるものもなかったことがあります。今、とても辛いことがあると、いつもその60年前に戻ってあの頃よりも随分と幸せだと思うのです」とおっしゃっていました。

幸せも悲しみもその人の「感度」によって変わります。その「感度」は感謝×経験で上がっていくような気がします。感謝して、この経験を生かして生きていこうと思ったときに「幸せ感度」が上がるような気がします。そして好転します。

わだのエール

「まぁいいか」の落とし穴

若いときの私は、忙しくて疲れてくるとついついやる気がなくなって、自分ばかりが大変に思えて、なんでなんでよ……と愚痴っぽくなり、気持ちがすぐれなくなっていました。そうなると、やる気のあるときは前向きにやっていたことがおっくうになって手抜きになっていきました。「まぁいいか」となって、今までやっていたことをやらなくなってしまうことが多かったんです。

これはすごい落とし穴で、その「まぁいいか」でせっかく今までせっせと積み上げた信用をなくしたり、今まで当たり前にやれたことがだんだん面倒なことに思えてきて、せっかく継続してきた良い習慣をすっかりなくしてしまうことになるのです。たとえば、お客様への電話とか手紙とか、いつもしていることをしなくなるとやっぱりマイナスが大きい！

そんな失敗を繰り返し、ようやく気を付けることができるようになったんです。忙しいときこそ気づきが多く、自分を試せるチャンスです。

第2章

リーダーシップのヒント

部下と約束する

23 「陽転思考」を伝え続ける

私は新人が入社すると必ず初日に陽転思考の大切さを伝えました。

「考え方」を身に付けることは、どんなトレーニングよりも大事であり、すべてのベースになるからです。

どんなことでも、「やってみたら思うようにいかない」という状態が必ずやってきます。

結果がなかなか出ない、人間関係がうまくいかない、仕事を覚えられないなど、はじめてやることには、なんらかの障害が待っています。それらを乗り越えて、できなかったものができるようになるのが仕事というものです。

しかし、ちょっとのつまずき、わずかな挫折で、もうすべてがダメととらえる負のスパイラルにはまってしまう人だって少なくありません。

だからこそ陽転思考で学んだ「事実はひとつ、考え方はふたつ」という物事を客観的にとらえ、目の前のひとつの事実からいいことの側面、「よかった」を探すという思考パターンを最初から少しずつ身に付けてもらうと、**失敗や挫折に強くなり、「仕事を辞めない人」へと育つ**のです。

そして、この陽転思考パターンがベースとなり、仕事のスキルアップにもつながっていくのです。

また、必ず全員に「陽転思考」の同じ話をするので、社内では「陽転しよう」が共通の言葉となり、お互いを励まし合う環境もできあがります。

さらに一度聞いただけでは身に付かないので、入社時だけでなく、その後も定期的に陽転思考の話をしていました。

全員が徹底的に「仕事ができる考え方」「人間関係がうまくいく考え方」を自分のものにするためには、繰り返しが必要だからです。

ときどき、同じことを話していることが不安になり、

「陽転思考の話って飽きない?」

と、何度も聞いている中間のリーダーに漏らすと、

「いや、和田マネージャー、いいんですよ。私たちだって、聞くたびに違って聞こえます。そのときの心理状況によって、心に響くフレーズが違うんです。だからずっと続けてください」

といってもらったことがあり、とっても嬉しかったのを覚えています。

しつこく、くどく、伝えるスタンスはこの頃から身に付いたようです。

そして、今でも同じように陽転思考を伝えています。

わだのエール

痛みにも実は感謝

私のもとには、リストラされたとか就職活動で失敗したとかそれぞれの痛みを語ってくださる方の感想がとても多く届きます。

その方たちが「この失敗があったから謙虚になれました。これからなんとか陽転を続けていきます」とそろっていってくださることがとても嬉しいです。

実は、痛みを抱えている人はそのおかげでさらに素直になれるんです。だから、ストンとくるのです。痛みにも、実は感謝です。

24 「カケラ」を評価する

「何をしてあげたら、すべての人が嬉しいのか？」

これは私がリーダーになってすぐに考えたことです。

先輩やボスに聞くと、みんな口をそろえてこういいます。

「とにかく褒めてもらったら嬉しいのだから、褒めてあげること。それしかないよ」

しかし、私にはどうしてもひっかかります。

「でもですね、**結果が出てない人、これといって褒める要素のない人はどうしたらいいんですか？**」

「それは仕方ないよ。だって結果を出してないのだから」

「でも……それだとすべての人を褒めることができないです」

「すべての人を褒める必要なんかないよ」

「どうしてですか？　だって、褒めて育てるというのなら、褒めてあげてない人は育たないってことになるし……」

「うん、それが仕事の厳しさ、それが営業のふるいだよ。仕方ないって思わないと、その人たちが、『どうやって褒めてもらおう』と考えて行動を自分で変えていかなくなるんだ」

「はい……」

「和田ちゃんさ、やさしすぎるのはよくないよ。人はとことん甘えるからさ。面倒なことはやめといたほうがいいよ。他にやること山のようにあるんだし」

「わかりました」

と、答えても私はちっとも納得できませんでした。いつも割と素直に人のいうことを聞くのですが……。でも、と思ってしまう。

なぜなら、**いくらがんばっても成果が見えず、模索している人はたくさんいるのです。**

精いっぱいやっても認めてもらえず、苦しんでいる人もたくさんいます。

そんな人こそ、勇気を持てるように、自信が持てるようにならないといけないんじゃないか？　と思ったのです。

私自身、小さい頃からコンプレックスの固まりでした。

優等生だった姉がいつも羨ましかったし、スポーツで褒めてもらっている人や、勉強で褒めてもらっている人が羨ましかった。

では、そんな私が「私も褒めてもらえるように体育でがんばろう」と思ったか？　いえ、その逆でした。

「私はこんなもんだから仕方ない」とあきらめていたのです。

だからこそ、**落ちこぼれた人の気持ちが痛いほどわかる**のです。

どうしたらいいかな？　と考えると同時に、私は自分が小さい頃に勇気をもらった言葉を引っ張り出していました。

何をやるにも、とろくて、人より一歩遅れてしまう私に対して、「裕美は、ゆっくりしていて、心がなごむなぁ」「ゆっくりしているんやから、きっと大物になるで」と褒めてくれた祖父の言葉。

運動会でいつもビリの私に「走るのが嫌で恥ずかしいのに、よく運動会に参加できたなぁ。ビリでも最後まで一生懸命に走っている姿に感動するわ」と勇気をくれた母の言葉。

そうか！　何も結果が今出ていなくても、たくさんたくさん褒めてあげるところはある！　勇気を持ってもらえる言葉がきっとある！　と気が付いたのでした。

どんな人だって「気にかけてもらっている」という事実に対しては喜びを感じるのです。これに関しては共通です。

特に今結果の出ていない人は陰に隠れようとします。

だからこそ、ちゃんと存在を認めてあげて、「あなたに感謝している」という表現や「あなたをいつも見ているよ」という態度を私は示そうと思ったのです。

それから私は、**数字や結果にまったく関係ないことであっても、その人がやってくれた思いやりや、やさしさの行為に対して、必ずお礼をいったり、褒めたりする**ようにしました。

トンボみたいな千里眼の目になって、いろいろな人がやってくれている思いやりのカケラを探して、声に出して感謝しました。

「お茶をいれてくれて気が利くね」

「笑顔見たらほっとする。いいね、その笑顔」

「隣にいてほっとする人だよね、それってすばらしい能力だよ」

「字がきれいだよね。羨ましいな」

「そんな情報知っているんだ。尊敬する」

そんな習慣ですぐに結果につながるわけではないのですが、それでも続けていると、勇気や自信を持てた人が、ちょっとずつ前進できるようになりました。

ある会社の社長さんで、いいたいことはいうし、思いきり強引だし、すごく怒るし、怒鳴る人がいます。一見、煙たがられそうだけど、なんだか社員に好かれています。

それは、**彼は怒った後に必ず、相手に「ありがとう」っていっている**からです。自分の怒りを聞いてくれてありがとうって相手にいうからだそうです。

たとえミスをした部下にでも、「聞いてくれた」という事実に対しては、その人の存在価値を認め感謝していることが、相手の自尊心を下げすぎず、さらには勇気を生むのです。

25 「ふたつの嬉しさ」を届ける

私が新人営業の頃、はじめて契約をとった1週間後、自宅の郵便受けに白い封筒が入っていました。

なんだろうと思ってあけると、1枚の白いカードが入っており、**「初契約、おめでとう！　裕美さん」**と書かれていました。それは私のボスからのメッセージカードでした。

それはボスの秘書が書いたものでしたが、私はびっくりして、嬉しくて、感動して、そのカードを大切に手帳に挟んで何度も見ていました。

その後も、インセンティブを達成したり、月間で営業成績が1番になったりしたときに、カードは何回も届きました。

面と向かっていう「おめでとう」と、手紙に書かれた言葉では、なんとなく感じ

るものが違いました。

みんなの前で大きな声で「おめでとう！　すごいな、裕美！」といってくれるときは、その瞬間に身体中が熱くなって顔がポッとして高揚した気分になります。

手紙で「おめでとう、いつもありがとう」と書かれたものを読むと、ふかふかの毛布でくるまれているような気持ちになったのです。

私は、**一気に感じる嬉しさと、ジワジワ感じる嬉しさという、ふたつの「嬉しさ」によって、「もっとがんばろう」とやる気を出したのです。**

だから私もリーダーになったとき、ボスの真似をして、いえ厳密にいうと、メッセージではなく手紙を書いて部下の自宅に送るような習慣を持つようになったのです。

部下が増えてくると、この作業は本当に大変なものになりましたが、しっかりとしたマネージャーが自分の下に育ってくれるまでは書き続けました。

やがて私と同じように、そのカードをいつも手帳に挟んで勇気が欲しいときに見ている人も何人もいるようになりました。

26 「ありがとう」で返事する

「お礼をいう」という行為は、どんな相手に対しても最低限のマナーです。でも、「ありがとう」という言葉は、相手を褒める言葉の次に、相手の自尊心を高める言葉です。

だから、私は特別に「ありがとう」というシーンでなくても、「ありがとう」といいたいと思っています。

それは私自身が「ありがとう」といわれると、嬉しい気持ちになってやる気も出るからです。

最初は徹底的に意識して、もうどんなことにでも「ありがとう」と口癖のようにいうようにしました。

そんなことを書くと「いつもいっていたら、本当に『ありがとう』といわないといけないときに、なんだか軽くなりませんか？」と、聞かれることもありますが、でも、そうではないのです。

「ありがとう」という人が、相手の存在を認め、相手の行為を受け入れ、相手が嬉しそうであれば、その回数は絶対に多いほうがいいに決まっています。

人は一度、「ありがとう」といわれて嬉しさをじんわりと感じたとしても、次の瞬間に冷たくされたり、無視されれば、嬉しさはすぐに消え去ってしまうのです。

だからこの感謝の言葉は、一日に何回も使うものなのです。

例えば、

「コーヒーいれましょうか？」

「はい」

これって普通ですよね？　別に何も間違っていません。

けれど、何気なく返事をしてしまうとき、私たちはついつい感謝の気持ちを込めることを忘れてしまうのです。

文字だと表現しにくいのですが、「はい」と笑顔でいうのならまだしも、たいていの人は単なる返事として、聞こえているよというだけの合図として「はい」を使うので、そこに感謝の心が入ってこないのです。

だけど、次のケースはどうでしょうか？

「コーヒーいれましょうか？」

「ありがとう」

もしくは、

「ありがとう、嬉しいな」と返事をしたら、感謝が言葉にこもります。

そして相手をハッピーな気持ちにすることができます。

「報告書出しました」

「はい」

ではなく、

「ありがとう。早いね」

「質問があるのですが」

「何?」よりも、

「うん、ありがとう、何かな?」

アルバイトの人にも、管理人さんにも、掃除係の方にも、「ありがとう」という上司はオフィスの空気を明るくし、人が集まりやすい雰囲気を作れます。

何よりも、そんな上司は好かれます。そして、**ハッピーになった部下はモチベーションが高くなる**のです。

27 失敗をプラスに転じるコツ

私が営業として働いていた外資系の会社のルールは、合理的で、情けなどない代わりに、フェアで明確なものでした。

特に、「セールスイレギュラー」という販売時の違反行為に対する罰則は、厳しく設定されていました。

部下が違反をすると、その上に立つリーダー、マネージャーなど直属の上司だけでなく、ライン上のすべての人間にペナルティーがかかり、しかも、そのペナルティーはポイント制になっていて、ある一定の数値を超えると、降格（ディモーション）、もしくは解雇になるというものでした。

一度に5人もの部下が違反すれば、上司は最悪の場合、クビになってしまうということです。

当然、部下が増えると、その可能性も高まります。

だからこそ、組織が大きくなればなるほど、一人ひとりの部下の行動を管理していくことで仕事も増えていくわけです。

ここでいう違反行為というものは、金銭の立て替え、契約書の代筆、金銭の着服などさまざまなものがありました。

コンテストや昇進がかかっている人は期限までに数字を間に合わせたい一心で、ときに、ダメだとわかっていても違反を犯してしまうことがあります。

このようなルールの下で組織を運営することになれば、違反やミスが起きたとき、リーダーは、その人間を咎《とが》めたり、追及したりすることでなく、まずは、その問題をどのように解決するか？　どうやって最小限のマイナスにとどめるか？　が最重要課題となります。

つまりは「どうしてそんなことしたの?」と咎めるよりも、

「とにかく今しなければならないことは、お客様への謝罪！　今すぐ菓子折り持って、とにかく相手の話を聞いてきて！」

という指示をするということです。叱責《しっせき》の前に、しなければならないことがたくさんあるのです。

違反者への怒りはわきますが、**リーダーは、そのとき、そのときで、行動の最優先順位を間違えてはいけません。**

あるとき、部下のひとりが、なんとか締め切りぎりの滑り込みセーフで契約書を提出しました。

「ねぇ、佐藤くん、これ、印鑑とか申込金とか、全部ちゃんともらったね。そろったね。大丈夫だね?」

「はい、そろっています」

「よかったね! 間に合ったんだね。じゃ、早く本社に提出しよう!」

そして佐藤くんは、その最後の契約で目標を達成することができました。

しかし、この契約書は提出後すぐに、本社から戻されてきました。

そこには「セールスイレギュラー」を示す、ピンク色のメモが貼り付けてあったのです。違反項目「申込金立替」にチェックが入っていました。

私は真っ青になって、佐藤くんにどうなっているのか確認しに行きました。

「あの……、お申し込みをいただいたときに、お客様が手元に1万円を持ってなかったんです。で、お客様が、『のちほど必ず持っていきますのでちょっとだけ立て替えてもらっていいでしょうか?』とおっしゃるので、そうしたんです。すみません……」

契約書には必ず、ご本人のサイン、印鑑(または拇印《ぼいん》)、申込金の1万円が必要です。当然、本人じゃない人が代筆、お金を立て替えたりすると、「セールスイレギュラー」となるのです。

「佐藤くん、それはまずいよ、ダメだってわかっているでしょう?」

しょんぼりした佐藤くんを見つめて私はいいました。

「はい、でも、確かに提出したときは僕の1万円でした。けれど、その翌日にはお客様が持ってきてくださったのです。僕が立て替えたのは1日だったから大丈夫かと思って……」

「1日? でも、そのお客様は本社の契約担当が確認の電話をしたとき、お金を立て替えてもらったっていったんだよ」

「はい、本社からの電話のときは、お客様は、もう払ってくださっていたのです」

「そうか……そうなんだ。それなら、話せばわかってもらえるかもしれないし、お客様の言葉にも誤解があったのかもしれないね」

「本当にすみません」

謝って反省するのは後でいい。とにかく、考えて。どうしたら、お客様がスムーズにスタートできて、あなたに傷がつかないかを」

「ええっと……」

「もう1回確認するね。お客様に本社が電話したのはいつ？」

「契約書提出の翌日です」

「本社が電話したとき、つまり、本社が契約の確認をはじめたときには、もうお客様はお金を支払っていた。これは事実だよね？」

「はい、そうです」

「じゃ、なんでそのお客様は、本社の契約確認の電話でお金を払ってないみたいにいったのか……。わかる？」

「はい、それはお客様に聞いてみたんですけど、『お金はご自身がお支払いになっていますよね？』と本社の人が聞いたときに、『いえ、いったん立て替えてもらいました』といったみたいです」

「確かにそれは事実だけど、電話がかかってきたときはもう払っていたのだから、これは説明をすれば取り下げてもらえるかもしれない。お客様に事情を話して、本社にいってもらうしかない。どんな風に説明したらいいか方法を考えよう」

そうして、そのお客様にお願いして、本社契約課に電話して誤解を解く説明をしてもらいました。結果、そのセールスイレギュラーは取り消してもらうことができたのでした。


問題を解決し、ほっとしたときこそ、冷静に問題を見つめることができます。そのときこそが、彼に反省をしてもらうときなのです。

私は怖い顔をして、いつもよりきつい口調で怒ったようにいいました。

「これくらいなら大丈夫というのはないんだよ。今回のことでわかったと思うけれど、いろんな人に迷惑がかかる。プロとして恥ずべき行為なのだと自覚しておいてください」

「はい、本当にすみません」

「約束してね」

「はい」

「じゃ、これで終わり。あなたは運がよかった」

「はい」

「よし、それじゃあ、結果で返してください、今月は挽回です。目標達成すること」

「わかりました！　絶対にがんばります！」

相手を責めて、反省させて、気分をマイナスにさせても、生産性は上がりません。

失敗がその人にとってマイナスな感情だけを生むものになるか、その人のモチベーションの材料になるかは、リーダーの関わり方次第なのです。

28 「途中でいいから報告してください」

部下に依頼しておいた仕事をふと思い出した上司。

「おい、あれ、この前頼んでおいた書類どうなっている？」と聞くと、

「あっ、それ、まだできてないんです、すみません」と部下。

「なんだ、１週間前くらいにいったのに」

「はい、どうしても他にやることが……」

「もういいよ、お前に頼んだオレが悪かった」

「すみません、今やります」

この会話からわかる、一番の問題点は、依頼されたことをすぐにできなかった部下の能力ではありません。**きちんと「いつまでに欲しい資料だからいつまでに作っ**

てくれ」と頼んでいない上司の問題です。

人は普通、面倒なこと、手間がかかりそうなこと、慣れていないこと、突発的なことなどを、先に延ばす傾向を持っています。

さらに期限が定められていなければ、そのうち、そのうちと思いながら、何年だって先に延ばせる生き物なのです。

もちろん、仕事のできる人は、「いつまで」と特に期限を設定されなくても、きちんと先に業務を完了させていますが、そういう人のほうが普通は少ない。

だから、「きっとやってくれるだろう」という期待は捨てて、**「○月○日、何時までにやってください」と期限を与える**ようにすることです。

私も人のことはいえないのですが、リーダーはやることも多く、そのとき依頼しても、頼んだ端から忘れてしまうこともあるので、せっかく決定したことを誰もしない、何もしていない状況になることがあります。それが期限をつけることで防げるのです。

また、部下に依頼をしたら、もうひとついわないといけないことがあります。それは**「全部作る前に途中でいいから報告してください」**という一言です。

リーダーは飛行機でいうところの管制塔の役目もします。間違った方向に行っていないか、途中で確認するのです。

リーダーが依頼した内容が、きちんと相手に伝わっていない場合や、イメージするものがかけ離れている場合があるからです。

時間をかけて一生懸命に作成した企画書に対して、リーダーが見るなり、「えっこんな企画書じゃ使えないよ」といえば、もちろん部下はショックを受けます。ここでモチベーションが下がればその後のパフォーマンスは当然下がります。

「言う通りに作ったのに、どうしてだよ」と不満に思うとお互いの信頼関係が悪くなることもあるのです。しかし、**それ以上に避けたいのは、途中報告を受けないことによって生じる時間のロス**です。

部下の時間を最大限に生産性の高いものにするためには、途中で確認し、「この方向性でいいけれど、ここまで細かくなくていいよ。あと事例を少し入れておいてくれるかな?」など、指示ができて、方向違いを未然に防ぐことが大切です。

29 ジャングルには先頭で潜入する

ジャングルの入り口で、「私はここで管理して待っている。君たち、ここから先の深い森に入ってこい。危険だから気を付けろ。何かあったらすぐに連絡するように」といえる人が「管理者」、いわゆるマネージャーです。

会社には、このような「取締役」がいて当然で、もちろん必要な存在でもあります。

ただ、こういう立場の人は、ごく少数でいいはずです。

同じ場所で働くリーダーが、「マネージメント」しているような気になると、人がついてこないと思うのです。

私たちが求めているのは本当のリーダーです。本当のリーダーは、

「よし、私が先頭でジャングルに潜入するので、みんな、後からついてくること！」

といって、先に進んでくれる人なのです。

リーダーは絶対に現場を忘れてはいけないからです。

「私は父親といい関係が作れなかった」と相談されたことがあります。いや、相談といっても、その方のお父様は彼が20代の頃に病気で亡くなられていたので、「これをなんとかしたい」というような相談ではなく、トラウマみたいなものについて話し合ったことがあります。

彼の父親は厳格で滅多に笑わない人だったらしいです。

一流企業と呼ばれる会社で役員をされていたとかで、彼は子供の頃に貧しい思いをしたことはないそうです。

ただ、子供の頃に何か失敗やいたずらをすると、何時間も正座させられて、ときに頬をぶたれたこともあったそうです。母親は父親に頭が上がらず、それを見ても何もいわずに黙っているような人だったそうです。

「とにかく何も一緒にしてくれなかったんですよね」

「何もってどういうことですか?」

「例えば、掃除をしなさいというでしょう?親父は動かないで指示するだけ。庭の雑草を刈りなさいというと、親父は部屋の窓からときどき覗《のぞ》いてくる。いつも管理をされていたんです。だから僕は大学生になってすぐにあの家を飛び出したんです」

「そうなんですか」

「もううるさいんです。庭の雑草を刈っている僕に『そんなんじゃダメだ! もっと根っこから抜きなさい!』と、窓をあけて見下ろしていうんですが、『こうすればいいんだよ』と実際に見せてくれることがなかったんです」

「…………」

「親は子供を管理するものだと教えられた僕は、人に厳しい。大嫌いだった親父が僕に乗り移ってしまっているのかもしれないです」

「いえ、そんなことはないです。**自分がどうしてもらったら嬉しかったのかを考えてみてください**」

「僕は、一緒に草刈りをして欲しかったんです」

「じゃ、そういうお父さんになればいいですね。そういうリーダーになればいいですね。お父様を通して学んだことなんですよね。もうお亡くなりになったことだし、そろそろ卒業しましょうよ」

「嫌いだったんです」

「親が嫌いな人はいっぱいいます」

「親が嫌いな人間って最低な気がします」

「いや、親にもよるし、子供に責任はないです。ただ、お父様もそれがよいと思っていらしたのだし、なかなか素直に心を開くことができない人だったのかもしれません。お父様もご自身に厳しい人だったでしょう?」

「はい」

「だから、その厳しさを相手にも求める。子供にも妻にも。でも、一生懸命に働いていらしたのだから、そのおかげで育ったんですから、感謝ですよね」

「僕は親父を好きになれなかった。けれど、距離があったまま、そのまま死なれてしまったこともすごく後悔しています」

「あなたは自分がして欲しかったことを相手にすればいいだけです。普通にしてもらっている人が気付かないくらい、それを求めていたはずです。だから、すべて、よい経験なのです」

「はい、私もいいリーダーになれますか?」

「もちろん、かなり強いリーダーに」

「強い……」

「はい、それでいて、やさしいリーダーに」

「やさしい……」

「はい、それから、率先垂範《そっせんすいはん》して、やり方を見せることができるリーダー。**ジャングルがあったら、『オレについてこい!』といって、先に飛び込んでいける本物のリーダー**です」

「そうか……親父にありがとうですね」

「そうですね」

家族のリーダー。

組織のリーダー。

社会のリーダー。

私の考える本物のリーダーは一緒に汗を流してくれる人です。私はそんな人についていきたいのです。先に進んだことで、かっこ悪くつまずいたりしてもいいのです。ときどき道を間違うことがあってもいいのです。

だからこそ、「ここに大きな石があるから気を付けろ」といえるし、**「こっちの道は間違っていた、申し訳ない、引き返してくれ」**と間違いの手本も見せられるのです。

涼しい顔で、命令だけして、汗だくの部下を管理したがる上司に誰もついていきません。

30 自分も数字にコミットする

先にリーダーは絶対に現場を忘れてはいけないと書きました。

それはいつでも「現場」に出て結果を出せるということです。

例えば、**組織でなんらかの目標やノルマがあったとしたら、それを責任持って、一緒に追いかける**のです。

もちろん毎回でなくてもかまいません。

ここぞというとき、どうしても間に合わないようなとき、どうしても達成しなくてはいけないとき、ひとりでも戦力が多いほうがいいに決まっています。

そんなときにいつでも現場に出て、自らが戦力になれるという力です。

「このイベントで500人を集客したいんです。**どうしたら、部下がもっとがんば**

るようになりますか？」と聞かれたときがあります。

「部下じゃなくて、加藤さんががんばればいいじゃないですか。部下の誰よりも顔が広いし、加藤さんが動けば１００人はいくでしょう？」

「いや、私はもうそういうのはやってないのですよ。これはあくまでも部下の数字ですし」

「もちろん、加藤さんが全部やるということではないし、それではダメですけど、ただ、絶対に達成すると決めているのであれば、自分で動くときもありますよ」

「でも、それだと部下が育たないのではないですか？」

「毎回でなくてもいいです……。加藤さんは、絶対に５００人、いえそれが最低ラインだとしたら、それ以上をそのイベントに集客して成功させたいのですよね？」

「はい、もちろんです」

「だからなんです。ここでのプライオリティーは『達成』です。**育てることも大事ですが、ときにはリーダー自ら『見せる』こともひとつの教育**だと思います」

「そうか……」

「コミットしてくださいね」

「コミット？」

「はい、そういうときは部下と一緒にコミットするんです。

例えば『**私も今回は10件とってきます**』とか、『**私も100万は売ってきます**』『**私が残数を埋めます**』みたいなコミットメントです」

「はぁ……でも、リーダーたるもの、そんなコミットを部下の前でしておいて、できなかったら恥ずかしいですよね」

「何いってるんですか？　部下にはいつもそのコミットをさせていますよね。そのプレッシャーを共に抱えて一緒に感じて、ひとつになっていくものなんです。

もちろん、いっておいて、できないこともあります。けれど、それで未達成でもいいんです。いえ、かえって清々しいです」

「そういうものなんですね」

「そして、部下がもっとがんばってくれたら……という気持ちがなくなります。『お前らがもっと必死にやらないからだ！』と怒鳴ることもなくなります。

自分もプレイヤーだったのですから一緒に泣けるんです」

「一緒に……」

「はい、それに、『私も一生懸命にやったけれどみんなの残数を埋めることができなかった、残念です』ということで、部下が『**ああ、リーダーに負担をかけてしまった。もっとがんばろう**』と思うでしょう？

本当に一生懸命やっている姿を見た部下なら、ありがたいと思ってくれます。リーダーとして他の仕事を抱えながら、二足のわらじでやったことなのですから」

「はい、コミットメントか……、勇気いりますが、和田さんがいうなら……。で、和田さんもそうされていたんですか？」

「あ、はい、というか、そういう状況になってやむを得ずそうしたら、予想以上に団結できて、結果的にすごくよかったんです。

だから、部下と一緒にコミットメントするのが大事だと気付いたのです」

上司になったからといって、最後までデスクに座っているとか、現場にも出ず、お客様にも会いに行かず、アポもとらず、それなのに「なんだ、この数字は！」と怒鳴っているリーダーに、人はついていきたいと思うでしょうか？

私ならNOです。

31 言い訳しないのがプロ

営業の仕事をスタートさせた24歳のとき、当然、私は経験不足でした。

その頃はお客様とお話ししても、相手のほうが明らかに自分よりも経験も知識も上の方の場合は、「こんな私が話をしても聞いてもらえないのでは?」「私のする話など、もうご存じだろうな」などと腰がひけて、思うように言葉が出てこないときがありました。

けれどひとりのお客様のアドバイスによって、私はそんなときでも堂々とできるようになったのです。

その方は50代で会社の役員をされている方でした。

私は緊張して、いつも以上にたどたどしく、商品の説明をしてしまいました。そして、最後に私はこのようなことをいったのです。

「すみません。私、岡田様のような立派な方に説明するにはまだまだ経験不足で恐縮してしまいます。もっと社会経験のある者が担当だったらよかったのですけど、私なんかですみません」

自信なさげに頭を下げた私に、岡田さんはこうおっしゃったのです。

「何をおっしゃるのですか？　あなたはプロでしょう」

「はっ？」

「あなたはプロだと申し上げたのです。年齢など関係ありません。このお仕事でお金をもらって働いていらっしゃるのですよ。もっと堂々としたほうがいい」

「はい、すみません……」

「いや、謝ることはないのです。私はあなたのプレゼンテーションの中で今まで聞いたことのない情報を得ることができ、とても新鮮な気持ちになれました。実際に購入してみてもいいかなとも思っています」

「あ、あ、ありがとうございます！」

「だから、担当のあなたは、私がもっと確信を持って購入できるように堂々としてください」

「はい」

「プロに年齢は関係ないのです。他のことでは私のほうが確かに年齢も重ねた分だけ、知識も経験もあるでしょう。しかし、**この分野、この商品に関しては、あなたは私よりも知識があるのですよ。**だからプロとしてこの仕事をしているのですよ。そこに自信を持ってください」

「は、はい」

「では、早く契約書を出して、その先をもっと堂々と自信を持って説明してみなさい。私からYESをとるのですよ」

「はい、もちろんです」

岡田さんは、その後すぐに契約してくださいました。

頼りない私を教育してくださり、契約もしてくださるお客様に出会えた私は本当にラッキーでした。そして、このときに学んだことは後にずっと生かされました。

その後、岡田さんのような方に応対する場合は、

「私は○○様よりも、社会的経験はありません。一見、頼りなく思われるかもしれ

ません。けれど、プロとして、トレーニングも受けておりますので、この商品に関してだけは○○様よりも知識があると思っています。自信を持って説明いたしますのでどうかご安心くださいませ」

というようになりました。

だからこそ部下にも**「お金をもらう以上、もうプロです。プロ意識を持って堂々としてください」と指導する**ようになったのです。

入社したばかりの新人から「プロといわれても、私はまだまだ経験不足で一人前ではありません。自信を持ってできるか不安です」といわれることがあります。

そうした場合、きちんと「プロの定義」を教えます。

「そうか、私も自信がないときに『お前はプロだ！』といわれてもぜんぜんピンとこなかったよ。けどね、一人前になってなくても、結果を出したら報酬も入るし、お金をもらっていることになるよね？」

「はい、でも、自分なんかまだ……」

「プロ野球の2軍もプロ野球選手だもんね」

「はい」

「草野球とは違うよね。5億円の年俸をもらう人だけがプロではないでしょう？ 同じ球団で、その中の年俸200万円の選手もプロでしょう？ 金額の多寡《たか》に関係なく一生懸命練習しなきゃいけないし、結果を残さないと切られてしまう。だから、努力し続けるんです。

あなたもプロなんです。プロじゃないから、経験がないから、というのは、結果が出なかったときの単なる言い訳。プロは言い訳しない」

部下にきちんと「プロ意識」を伝えておくと甘えがなくなり、自らトレーニングをしたりして向上心を持ってくれるようになります。

32 「そうだね。そう思うよ」を連発する

人は誰でも共感して欲しいと思っています。そして、自分を受け入れて欲しいとも思っています。

だからこそ、相手の言動にはできるだけ共感して受け入れることが大事です。

もちろん、共感できない事実に対してまで、「そうだね、そう思うよ」と応じなければいけないのではありません。

人の意見に間違いがあったとしても、その人の立場になって「その立場ならあり得るだろう」と、気持ちをわかってあげることが大切だといいたいのです。

だから私は意識的に共感し合える言葉を使うように指導してきました。

共感してくれる人を、人は好きになります。いつもお互いに共感し、尊重し合う組織になれば、会社に来るのも楽しくなる。**それが結果に結びつかないはずがない**

のです。

「今日は暑いね～」という人に対して、「そうかな？ 昨日と同じ気温ですけどね」と答えた人がいたとします。

この人は自分の思ったことを素直にいったのですから、悪いことでも間違った表現でもないです。

ただ、「暑いね」といった相手は拒否されたような錯覚を起こします。**会話はここで終わってしまいます。それでは人とつながれない**のです。

「そうですねー、今日も暑いですよね。でも昨日と同じ気温らしいですね。おかしいですね」と、笑って返事するのとでは相手の気持ちがまったく違います。どちらが好かれる人か一目瞭然です。

ただし、これは一事が万事、なんでも共感して、「どんな意見にでもとにかくYESになって共感してください！」ということではありません。

違う意見の場合、あまりにもネガティブで共感できない話題などは、言い方に気を付けて対応できるようにしたほうがいいに決まっています。

例えば、「この映画ってマジいいですよね～。感動して泣きました」という相手に、その映画に対して何も感動できなかった自分が「私もいいと思います！」と答えてしまえば、嘘になってしまいます。

けれども、ストレートに「そうかな、私はなんとも思いませんけど」といってしまえば、少し角が立ちます。

そういう場合は**「へぇ、どんなところがよかったですか？　教えてください。私は、あの主題歌がいいなと思いました」**と質問したり、少しでもよかったと思うところで共感します。

100％のNOでなければいいということです。

お客様に対しても、部下にも、同僚にも、そして上司にも、こうやって同じように対応するよう指導しています。

人から好かれて、人が周囲に寄ってくるような人になって欲しいですから。

33 「好きな窓」から相手を見る

上司も人間、部下も人間。

仕事ができる、できないに関係なく、嫌いだったり、苦手なタイプの人がいてもおかしくありません。

私自身、いつまでたっても、苦手なタイプの人はいるし、すべての人を愛することができるほど人間的に大きくはありません。

しかし、人間同士が嫌い合うと、態度にも出ますし、一緒の空気を吸うだけでも気分が悪く、いつもイライラしてしまいます。いいことがまったくありません。そんな職場で働くことは、苦痛以外のなにものでもないでしょう。

しかし、嫌いな人がいても働き続けなければならないのなら、文句や愚痴を言い続けて人生を台無しにしてしまうよりも、その人の「いいところ」をどうにか探して、その部分だけでも好きになっていくほうが精神的に健全です。

だから、私はいつも人を「好きな窓」から見るようにしているし、そうしたほうがいいよと部下にもいってきました。

「好きな窓＝その人の長所」です。

例えば、「仕事が遅い人」ではなく、「仕事が遅いけれど、そのぶん細かい仕事もコツコツできる人」といいところにフォーカスするのです。

また、「仕事が遅い」という部分を、「仕事が丁寧」という見方に変えると欠点も長所のようになるのです。

どこが嫌いかに意識を向けず、どこが好きかに意識を向ければ、相手への態度も変わり、だからこそ、相手の態度も変わり、もっといいところが見えてきたりします。何よりも自分が楽なのです。

１００％完璧な人が世の中にいないように、１００％悪いところばかりの人も私はいないと思っています。

きっと人には必ずいいところがあるはずです。

だから、素直じゃないし、仕事量は少ないし、理解度は低く、仕事が遅いというような、上司にとっては頭を抱えたくなる最悪な部下がいたとしたら、**その人の100%のうちの悪い部分80%ではなく、残りの20%に無理にでもフォーカスする。**そして、ちょっとでも褒めてあげられるような部分を探していくのです。それが「好きな窓」から見るということです。

けれど、「では、欠点は注意したり、改善させたりしなくていいのか?」という疑問が残るかもしれません。

もちろん、改善するために、さまざまなトレーニングを施します。

けれど、見ようによっては、ときには欠点こそが長所になることもあります。私はそれは個性として尊重していくようにしています。

34 商品の欠点にも愛情を持つ

人は100%でないと書きましたが、会社も商品もサービスも同じように100%ではありませんよね？

もっとこうだったら売れるのに……と思うなんらかの欠点があるかもしれません。

けれど、社員全員が「ここがダメだ」「これが欠点だ」と、自社の商品やサービスの悪いところばかりを指摘して、そればかりを気にしている会社は当然ですが100%成長できません。

だからこそ、リーダー、上司の立場にある人は、マイナスばかりに目がいかないような指導をしなくてはいけません。

それに、詐欺紛《さぎまが》いの100%悪の固まりのような商品やサービスを除いて、真っ当にビジネスをしている会社のものであれば、商品には悪いところばかりでなく、必ず何かいいところもあるのです。

私がよくクライアントに、

「部下には会社の商品、サービスすべてを愛してもらってください」

というと、皆さん、うなずきはしますが、ちょっと苦笑いする人もいます。私も

笑いながら「あっ難しいなぁと思われたでしょ？」というと、「いや、ええ、まぁ、

いろいろとあるんで」とさらに苦笑いです。

確かに、競合との比較などを考えると難しいなと思う人は多いと思います。

そこでクライアントからはこういう質問が出てきます。

「なるほど。商品を好きになる。欠点も、長所も、ですね。長所を好きになるとい

うのはわかりますが、実際に欠点も好きになるっていうのはちょっと難しいです

……」

「欠点は欠点ですけど、そのあたりをちょっとユニークだとか、変わっていて

キュートだと思えるときってありませんか？」

「そうですね」

「人間って変なんですよね。すごく完璧を求めるくせに、完璧だとなぜか疲れてくるのですよね。けれどどこかに愛着がわくような『欠け』があると、まさにそれが個性になっていくケースも多くありますよね？」

「はぁそうかもしれません。完璧な美人よりも、欠点もあってチャーミングなほうに愛着がわきます」

「そ、それは女性の好みの問題だから個人差があるかも（笑）」

「あっそうですね（笑）。けれど僕もよく故障して手間がかかるのに、今乗っているフォルクスワーゲンのカルマンギアなんかも70年代のビンテージで愛してますし……」

「車のことはよくわからないけれど、そう、なんかそういう気持ちです」

また他の人からこんな質問がきます。

「なるほど、でも、作り手はいつも完璧を目指していますけど」

「それはそうですよ。**けれどいつだって、『これで完璧』というものは生まれてないのですよね。**例えば、性能、デザインがすばらしければ、やっぱりプライスもそれなりに高価です。それに１００％の人には受け入れられないものですしね。けれど、そこを目指すのはすばらしいことで、だからこそ研究したり、努力するんです。まぁ人の欲に上限がないのですから、その期待にそうような完璧なものもなかなかできあがらない」

「そうですね。そういえばある有名なデザイナーさんが、同じようなことをおっしゃっていました」

「へぇ、どんなことですか？」

「完全完璧なものを人間はそんなに求めてるわけじゃないっていうことを」

「なるほど、って私のほうが教えてもらってありがとうございます」

「確かに、僕たち上司も一緒になって、『こんなの売れるか！』なんていっていたら最悪ですよね。もう詐欺集団ですね」

「ははは、そうそう。**リーダーや上司が誰よりも商品に惚れ込んでいて、ばかみたいに好きでたまらないというような態度を見せるべきですね。**それが何よりも部下の自信になるんですよね」

「和田さんは商品を愛していたんですね」

「はい、とっても」

「欠点も?」

「はい、すべて」

「ああ、その自信って内側からジワジワきますよね」

「はい、何度もいいますが、それが組織を動かす力になります」

「わかりました、納得しました。やってみます」

勢いのある会社は、トップが誰よりも商品を愛し、惚れ込んでいます。それが何よりの証拠です。

35 自信をなくした部下にかける魔法の言葉

全体の20％の人間が80％の売り上げ（生産性、貢献）を上げていて、残りの80％の人間で20％の売り上げ（生産性、貢献）を上げている。

これは「パレートの法則」といわれるもので、どこの会社にも当てはまる傾向です。

私が現場で数字を追っていたときも、1000人の営業マン中、上位200人が会社全体の数字の8割を担っていたので、数字がぴたりと当てはまりました。これは本当にどの時代でもどの世界でもあることだと思います。

さて、パレートの法則があるとすれば、**どうしたって目立つ人とそうでない人が生まれてしまいますよね？**

だからリーダーにとっては、やはりこの上位20％の人は大事だし、この人たちだけのほうが効率がいいのでは？　とついつい考えてしまうこともあるかと思います。

事実はそうです。けれどそれは一時のことです。

私は地道にコツコツと続けてくれる、80％の人たちも大切にしてその存在を尊重してあげることが大事だと思っています。

早く結果を出せる人だけを評価しないで、結果を出すのが遅くても、コツコツと地道に目立たずに継続してくれる人にも感謝し、彼らが自信を持てるような言葉をかけてあげることで、非常にバランスのいい組織になっていきます。

「私は人よりもダメだし、迷惑をかけているし、足手まといだから辞めたい」という部下がいたら私は必ずいいます。

「何をいうんですか？　足手まといなんかじゃないです。あなたが長期間ちょっとずつ積み上げてくれた結果が、組織に大きく貢献しています。

結果をどんどん出している目立つ人には敵《かな》わないかもしれないけど、これからちょっとずつ伸びていく可能性を私は信じています。長くやってくれる人に感謝しているのです。5年後でも10年後でもいいんです。

人には人それぞれの早さがあるし、人には人それぞれのリズムもあるのです。ヒットが出ないのが苦しくて辞めたくなるのはわかるけれど、**どんなにゆっくりでも、コツコツと続けてきた自分に誇りを持って、いつか見返したらいい。**

地味に続けてきた人のほうが絶対に強いし、人の痛みもわかるから、大きく構えていてください。そのゆっくりコツコツでいいのです。早くなくていいのです」

そういうと、さっきまで凹んでいた人は、だんだん笑顔になってくれました。

私も何もかも遅いのろまだったんです。でも、コツコツと続けて、だんだんとスピードがつきました。

今になって思うと、うまくいかなくて、悩んだ時期があったからこそ忍耐力がついて、踏ん張る力も得られたのです。

それに、自信のない部下に、結果が出るまでに時間がかかることや、仕事が遅いことにもきちんと意味があるということを伝えると、その人に自信がついて、いつのまにか上位20%の人になっていく可能性はかなりあります。

もちろん本人が「伸びたい」という欲求があることが前提ですが。

36

数字が出ない部下の伸ばし方

「僕のグループにはご存じのように結果の出ている人もいれば、そうでない人もいます。この場合、**結果の出ていない人にかまっていても、時間の無駄というか、何をやってもダメなような気がしてしまうんです。**」

あるとき、中間管理職でリーダーの関さんがいいました。

関さんはリーダーになってから1年目です。頼りがいのある、根っからのリーダータイプ。

「うん、関さんの気持ち、すごくわかる。けどね、やることやってから、それは」

「やること?」

「うん、とりあえずとことん人に向かっていくというのが私のモットー」

「でも、あそこまで落ちた奴でも伸びるんですか?」

「うん、よくいって五分五分かなぁ？　浮上しないで辞めていく人もいるけど、でも何もしないより、何かしたほうが自分の経験になるし」

「そういうもんですか……数字落ちそうだけど」

「マイナスに目を向けてといっているんじゃないよ。ただね、これは勉強になるから。**人をやる気にさせるためにはどうしたらいいか、それを学べるから、自分のためにもなる**」

「はい」

「あのね、私も昔、一生懸命に向かっていって、時間かけて、自分のエネルギーを注ぎ、たくさん教えて、それでも変わらなくて、去っていった人をたくさん見たけど、でもでも、何もしなかった私よりも、そうやって何かをした私のほうが誇れるの」

「何もしないよりも……結果出なくても？」

「うん、なんにも結果にならなくても、その人と何かのご縁があって同じ職場で働いているんだから。その人がまだなんとか、わずかでも変わりたいと思っているのなら、無駄とは思いたくない。

その人の人生の中で私と出会ったことを意味のあるものにしたい。だから」

「そうですね」

関さんは私を真剣な目で見つめていいました。なんとなく伝わった気がしました。

「うん、とりあえず、徹底的にやってみること。できる人を伸ばすことはもう達成したんだから、**今、結果の出ていない人を変えることは新しいチャレンジ**だよ。関さんは絶対に私以上にパワーあるし、率先力もあるし、リーダーシップもとれる。だから、ここを強化したら鬼に金棒だと私は思う。うん、すごい経験です」

「いや……ありがとうございます」


彼は素直な態度で私の話を一生懸命に聞いてくれました。そして、素直にそれを実行してくれるようになりました。

その後、彼はやはりどんどん組織を大きくし、私と肩を並べるような立場のマネージャーになって私を支えてくれました。


実は、私も関さんと同じように考えていたことがありました。

数字が出ない、結果が悪い、ことごとく目標を外してしまう……。そんな部下は今までに何人もいました。

そして私が関さんにいったように、自分の時間を最大限に費やしても、ある日何もいわずに姿を消してしまう人もいました。

信じても、信じても、それはなかなか伝わらなくて、もう嫌になることもあり、「なんでもっと動かないの?」と、行動することなく、ぐずぐずしている人に腹を立てていたのです。内心、すごくイライラしていました。

あるとき、部下で3カ月も営業成績がゼロの高島くんに対して、私は毎日、「今日はどうだった?」と聞くのが嫌になっていました。

そして、いつしか、やっぱり私も「こんな人、オフィスの雰囲気を壊すだけだから辞めてくれたらいいのに」と思っていたのです。

私は、オフィスで電話営業もしないでボーッと資料を見ている彼に対して、カチンときてしまいました。

「ねぇ、3カ月もゼロでさ、どうするの? **あのね、辞めたいなら辞めていいんだよ。だってね、無理にいてもらうことないんだから。**何もしないでそこに座っていてもなんにも生まれないんだよ」

「はぁ……」

「あの、辞めたいっていえないの？　もしかして」

「いえ、違います」

彼は仏頂面で答えました。

「じゃなんでそうやっているの？」

「あの、オレは……」

「うん」

「他に行くところないんです」

「あぁ……」

それを聞いて私は身体に流れる血が逆流するような感覚がして、椅子に座り込みました。

彼は高校を中退しています。学歴に関係なくボスが採用し、「こいつは難儀《なんぎ》だけど、お前一回育ててみろ」といわれた人でした。

話もできなくて、無口で、言葉を知らなくて、笑顔も少なくて、絶対にすぐに結果が出ないだろうなと思った人でした。

「無理です。あんな人、私に育てることなんてできません」という私に、ボスが「やってみないでいうな!」と一喝したのでした。

私は彼の気持ちになったことがあっただろうか? そう思うと、なんだか泣きそうになってきました。


「あの、他に行くとこないからいるの?」

「いえ、オレはここで、がんばろうと決めたから」

「でもさ、高島くん、3カ月もゼロじゃん」

「はい、でも、オレは頭悪いっすから」

「でもさ、今日だってなんにも電話とかしてないじゃん」

「いや、こんな話し方で電話したら、会社に迷惑かなって」

「うん……」

「それに、オレは和田さんにお返ししてないまま、辞められないっす」

「うん……」

「オレはこんなオレでも引き受けてくれた和田さんに感謝してるんです」

私は下唇をぐっと噛んで、涙が溢れそうになるのを我慢しました。

そのとき私は彼に教わったのです。

人にはそれぞれの伸び方があると。

そして、**いったん引き受けたら、自分からは逃げてはいけない**と。

相手の気持ちになって、動けない理由、前に進めない理由を、しっかりと理解することからはじめないといけないんだと気付いたのです。

「うん、そう、そうだよね。お返ししてください。それを待ってます。でも、3カ月も結果出てなくて辛かったよね?」

「オレはやっぱり不器用だから」

「ごめんね。私、何もやってないね」

「いえ、歩き方も、話し方も、たくさん教えてもらったし」

「でも、あなたができるようになるまで、私はやってないよ。辛い気持ちでひとりで耐えさせてごめんなさい」

「いえそんな……」

「続けたいんだよね？」

「はい……できれば」

「変わりたいんだよね？」

「はい、でも……できますか？　オレでも」

「もちろん。絶対にできる」

そういってから私は彼と握手をして、彼と根気よく、たとえ時間がかかってもやっていくことを決断したのです。

そう、決断です。

もう二度と逃げないと決めたのです。

それがリーダーの仕事なのですから。

「枝や葉っぱという目立つところから育つ人もいれば、人に見えない部分で一生懸命に根っこを先に伸ばして育つ人もいる。

あなたは根っこが先の人なんだよ。大丈夫って自分で信じないといけない」

私は心の中で「でも誰よりも私が信じないといけないんだ」と思いました。

それから私は彼に毎日声をかけるようになりました。結果が出たかどうか関係なく、その日に「今日アポが1件とれたんだから昨日より進歩してるじゃない」とプラスの言葉が交わせるような話題を探して、何度も何度も同じトレーニングをしました。本をたくさん読んでもらって、ボキャブラリーを増やしてもらいました。

彼に、だんだんと自信と勇気が生まれてきました。**彼の成長や変化は何よりも私に大きな自信を与えてくれました。**

彼は2年後にリーダーになりました。会社が日本から撤退し、私たちはバラバラになりましたが、彼も私と同じように起業し、今では社長として活躍されています。

高島くんのときのように、目の前の人に幸せになって欲しいと思いながらも、自分の感情に負けてイライラしてしまうと、よい関係が作れません。

だからまずは、相手の態度を見て感情的にならないで、

「この人は本当は素直だけれど、その表現方法がわからないかもしれない」

「せっかく能力があるのに、このままでは出世は難しいな」

などと、相手を本当に大事に思う気持ちにフォーカスします。

できないのなら、そのイメージだけでもかまいません。相手をまずは受け入れるのです。

そして、その人がようやく、「なんとか結果を出したい」という気持ちに素直に向かってくれるようになったら、きちんと向かい合って膝をつき合わせて話をしてみます。

私はまっすぐに相手を見て聞きます。

「本当に結果を出したいですか?」

当然、相手は「はい」というはずです。

いいえ、ここで「はい」といわない人は辞めてもらったほうがいいのです。この質問は私がその人に本気で向かっていっていいかどうかを判断するための、たったひとつの質問なのです。

私はもう一度聞きます。

「本当に結果（成果）を出したいですか？」

「はい」

しつこいようですが、私はやめません。じっと目を見て、決してそらさずにもう一度。

「本気ですか？　本気で誓ってそう思いますか？」

「はい」

合計3回確認して、本人が私から目をそらさずに、ＹＥＳといってくれたら、私が覚悟を決めるのです。

腹をくります。相当大変な人であっても向かっていこうと決断します。

私は相手をまっすぐ見たままいいます。

「わかりました。では本気でやりましょう。そのためにまず、私のいうことを聞いてください。私も体当たりで向かっていくので、あなたも体当たりでやってみてください。

とにかく、受け入れにくいこともあるでしょうが、できるとかできないとか関係なく、なんでもいわれたことをやってみてください。いいですか？」

ここまでくるとこの質問に「ＮＯ」という人はひとりもいませんでした。

私たちがやることは、その人が結果を出せる人になるというゴールに向かって進むだけです。同じ方角を向いて進むぞ！　と一緒に決断したのです。

「じゃ、とりあえず、服装からだ」

「１００軒回ってきて」

「発声練習だ」

こういうコミットは、本人が本人の意思で決断したのですから、もう「できません」も「無理です」もいえません。だからこそ、次第に自分の言葉に対する責任感が出てくるようになるのです。

とにかく、結果の出ない部下がいたら、スランプなのか、やる気がないのか、自信がないのか、原因はさまざまでも、自分の組織にいるのだから、放置はできません。

できるだけ早くその状態から抜け出してもらうため、**リーダーはその人と向き合って話し合い、目標設定を見直し、切り替えて前に進んでもらうように促さないといけません。**

37 話し下手な部下を変える3つの処方箋

人と人とが関わる社会において、コミュニケーション能力は会社でも社外でも必要不可欠だと私は思っています。

ただ話すのが苦手な人、いわゆるコミュニケーション能力に欠けている人には、いろいろなタイプがあることをリーダは認識してください。

部下がどのタイプか見極めて、それぞれに合ったトレーニングを施す必要があるのです。

私が指導していたのは、大きくわけて以下の3つです。

①いいたいことだけいってしまう人（人の話を聞けない）

②人を気にしすぎて話せなくなる人（嫌われたら……と思うと言葉が出てこない）

③ボキャブラリーが貧弱な人（言葉を知らないために話せない）

①の人は自己顕示欲が強いので「自分が、自分が」となりがちです。この部分は仕事でのどん欲さにおいてはプラスの部分なので、100％の改善は必要なく、相手も一緒に楽しめる会話ができるように目指してもらいます。

とにかく聞き上手になる練習です。聞いて、聞いて、聞いて、話す。聞く我慢をさせるのです。

②の人は相手からどう思われるかを気にしすぎです。

こんなことといってもいいかな、嫌われないかな？　と思って言葉が出てこないのです。

この場合はメンタルなほうからのアプローチになります。

「自分が気にするほど相手ってあなたを気にしてないよ（笑）」

「そうですか？」

「じゃ、昨日、○○さんが何色のネクタイしていたのか覚えている？」

「いいえ……」

「そんなもんです」

「はい」

「相手があなたを嫌うはずがないのだから、自分は愛されていると思って、まずはニコニコして、それから相手に興味を持って質問すればいいよ」

「気の利いたセリフがいえませんが……」

「面白いことをいう必要はないよ。ただ、いい空気を作って、だまって笑うだけでもいいから。誰もあなたの敵ではないよ。失敗を恐れて、言葉を使わなかったら、どんどん会話が下手になってしまう。とにかく笑顔でいい空気を作ってみてください」

「そうしたらどうなるのですか？」

「うん、そうしたら少なくとも嫌われることは絶対にない」

このように簡単に説明するだけで、この部下のメンタルブロックがとれるので、すごく変化します。

③のボキャブラリーが貧弱な人は、とにかく語彙《ごい》力を高めることです。私が部下に本をよくプレゼントしていたのは、本をたくさん読んでボキャブラリーを増やして欲しかったからです。

英単語のように言葉を暗記するのではなく、あくまでも感覚的に新しい単語にふれてもらうのです。

これを半年継続するだけでも効果が見えるようになります。ただし、難しい専門用語を身に付けるのではなく、それらを理解し、嚙み砕いて話せるようになるためのトレーニングなので、専門書やノウハウ本よりも、**自伝など、人にフォーカスしたリアリティーのある本のほうがイメージもわきやすく自然にボキャブラリーも増えていきます。**

しかし、部下にだけ話し方のトレーニングをしても、自分自身ができていないと、指導はまったく浸透しません。当然ですよね？

当たり前のことですが、きちんと自分自身を確認してみてください。

部下の話を聞くときにちゃんと身体を相手に向けていますか?

もしくは顔を向け、相手を見ていますか?

うなずき、相槌《あいづち》を打っていますか?

興味のある顔をしていますか?

「それで?」と質問していますか?

腕を組んでいませんか? 反り返って座っていませんか?

このような基本ができていないとリーダーとして失格です。

自分のいいたいことをいうためにリーダーをしているんじゃないんです。**やる気を出してもらうことがトッププライオリティーです。**一生懸命に話を聞いてくれて、親身になってくれて信じてくれるリーダーがいれば、やる気が出ます。

だからリーダーは部下以上に聞き上手を目指すべきなのです。

38 「最後のひと手間」を徹底させる

部下の中には仕事を7割すると、やりきったような気になって、最後までしっかりできない人がいます。

あと一歩というところで「もういいや」とあきらめる人、もうひと工夫というところで「こんなもんでいいか」と手抜きをする人……。

こんな人たちが仕事ですばらしい結果を残すのは、とても難しいことだと私は思います。

営業や接客業であれば、キャンセルが多い、クレームがある、ファンがつかないなどの問題が発生してしまいます。

だから部下には「仕事をきっちり最後までする」ということをトレーニングしておかないといけません。

この程度でいいや、これで満足と思うなと言い続けるのです。
もうちょっとできることはないか？　もっと工夫はできないか？
自分がもういいやと思ったところから、さらに、ひと手間加えて、はじめてプロの仕事といえるのです。

営業をしていた私にとってはお客様へのひと手間はとても大事なものでした。
けれど、私自身も新人の頃、このひと手間を忘れて、相手にも自分にも不利益な結果を招いたことがあるのです。

新人の頃、契約がとれたとき、契約にいたるまでに労力を使ってきたという思いのある私は、契約書にサインをもらうと、そこでゴールしたみたいな気持ちになってしまうことがありました。

「これだけがんばったんだから、今日は早く帰っていいや」と自分を甘やかし、さっさと会社を出てしまったのです。

すると後日、私宛てにそのお客様から契約をキャンセルする連絡があったのです。

契約のときはあれだけ前向きだったのに急にキャンセル。それも私が不在中に簡単な伝言のみが残されていました。

私は心底がっかりし、また、そのお客様との間に距離を感じて、自分から連絡する勇気がありませんでした。当然、結果はゼロ。いえ、それに関わった時間を考慮したらマイナスになってしまったのです。

ちょうど、私個人もある営業マンから保険に加入したばかりでした。

その営業マンはやさしく、丁寧、かつ熱心だったので私も信じて加入をしたのです。

ところが、加入後は事務的な作業の担当の人以外、まったく連絡もなく、なんとなく上手いことといわれて口車に乗ってしまったかなと、かなり後悔し、不安になったのです。

結局、私はそのまま保険の支払いをスタートさせましたが、半年後に他の会社に切り替えてしまいました。

私はそのときに、**営業マンのゴールってお客様のスタートなんだ**とつくづく思ったのです。

契約後にこそ、そのお客様をケアするという仕事のひと手間が必要なのだと知ったのです。

だから私は自分の部下にはいつもこういっていました。

「あのね、お客様は買った瞬間がスタートなんだよ。あなたが売った瞬間をゴールのようにしていたら相手は離れていくよ。

あとひと手間をかけてください。電話したりメールしたり、その人との第二段階のスタートを切ってください」

この部分をきちんと伝えることによって、クレーム、キャンセルがとても少ない組織になりました。

それは私の自慢でもありました。

39 「花を持たせる人」が成功する

会社という組織の中で働く以上、上下関係が存在します。先に入った者は先輩だし、後に来た者は後輩です。

能力主義の現場だと下克上《げこくじょう》もまかり通るので、「そんなことといっても実力でしょ?」という人もいると思います。

けれど、どんなに実力主義であろうが、そうでなかろうが、私はやっぱり目上の人や先輩には、礼儀だけは忘れてはならないと思っています。それこそが社会の基本だからです。

とはいっても、私だって最初からそれを理解しているほどお利口さんではありませんでした。**にわかに数字の結果が出て、有頂天になったときに、直属の上司に対して失礼な態度をとったことがある**からです。

私の最初の上司はやさしくソフトな感じの人で、とてもいい人でした。ただ、セールススキルが高いほうではなく、営業でアポイントが重なって、彼に代わりに対応してもらうと、ことごとく決まらず、キャンセルになってしまうこともありました。そんなことが重なると次第に、**「なんでこんな仕事のできない人が上司なんだろう」「私の出した成績でこの人が評価されるなんてなんか嫌だな」と、思うようになっていた**のです。

今から思うと、感謝知らずで勝手な人間です。でも、そのときは気が付かなかった。

あるとき、さらにその上司の上司に直談判しに行ったんです。

これも常識外れな行動ですが、そのときは結果も出て自信がついてきたときで本当に自分の立場を知らないばかな奴だったのです。

「ボス、私の上司の白川マネージャーって、せっかくフォローしてくださっても、マイナスになるし、教え方も話もわくわくしません。私の成績は彼の食い扶持《ぶち》になっていると思うと、素直になって喜べないのです」

ボスは笑っていいました。

「そう思ってしまうのは、正しい感情だよ。けどな、お前、発想を変えろ。いいか、お前はもっと大きくなるから、いつか白川を抜かすかもしれない。人には人の役割があるんだよ。確かにあいつの仕事を認められないかもしれない。けど、お前の契約書の詰めの甘い部分をきちっと直したり、本社からの伝達などを正確に伝えることもできるし、いいところもある。まずはそこを感謝してみたらいいんだよ。

そして、お前があいつを超える方法は、あいつと同じ位置で怒ったりイライラしないということだ。もっと上に行って大きく構えてなさい」

「上?」

「そうだ、**もっと上に行けば、『まぁいいか……』『私がこの人を食べさせてあげよう』という思いが生まれてくるよ。**こんな大きな考えができるだけでもう意識レベルで上行っているよ」

「意識レベル……」

「そうだ、どんな状況であっても、目上の人はやっぱり目上だ。**花を持たせてあげ**

ようと思っているほうが、結果的に成功できる」

「『上司に花を持たせる』？」

「ああ、そう思えるようになったら、もっと成長できるよ」

私はその会話の後に、白川マネージャーをもっと違う観点で見つめるようになりました。

確かに彼は細かい雑用などを厭《いと》わずやっていました。いいところを見るとだんだん気持ちも変わってきたし、何よりも「上司に花を持たせることのできる部下になろう」と思ったことで、その後は気持ちよく仕事ができるようになり、結果もさらに伸びたのです。

人に花を持たせることができる人はもともと器が大きい。ましてやそれが上司ならなおさらです。

そんな部下だからこそ、絶対いずれは立派なリーダーになれるのです。

40 背中を見せる指導はしない

部下へのトレーニングで、絶対に取り入れない方法がふたつあります。

ひとつは、「先輩や上司の仕事を盗んで覚えろ」というようなやり方です。「OJT」というものです。

身体で感覚的に覚えるのが上手な人はいいのですが、そうでない人にはとても時間がかかる方法だからです。

けれど後者が伸びない人かというと、人柄がよかったり、努力家だったりと、いいところもたくさんあるのです。だからこそ、彼らが学びやすい方法でトレーニングしてあげるべきです。

最初は私も「とにかく見ていてね」といって、実際にお客様に応対している姿を隣で見せていたことがありました。けれど、やっぱり何度見せてもなかなか習得できない人がいました。

「えっと、それで……」と途中で考え込んでしまい進まないのです。

「覚えるの、難しいかな？」と聞くと、「はい、途中で次はなんだったかな？　と考えてしまうんです」といいます。

「そういうのは適当にスルーして覚えているところから話せばいいんだよ」

「いや、順番が狂うと余計にわからなくなってしまうんです」

「ああ、そうなんだ」

「はい、私、間違えるのが怖くて、話せなくなってしまうのです。なんだか不器用で融通利かなくてすみません」

「じゃ、しっかり頭で覚えていたら安心なの？」

「はい、そうですね」

「わかった」

そこで私は、**仕事の段取りのフローをしっかり書いて、さらに自分の話している言葉をすべて書き出して、オリジナルのトーク集を作ってみました。**

本当に手間のかかる作業で、今でいうと、本1冊分くらいは書き起こしていたと思います。

けれど、彼はこのマニュアルがあると安心でき、次に何を話すのか、頭で理解しながらすらすらと話せるようになったのです。

そして、自信がついて、彼なりの個性でアレンジできるようになったのです。


私が積極的に取り入れないトレーニング方法のもうひとつは、

「私のときは、こうやって学んだんだ」

「私はまったく教えてもらえなかったから必死で見て覚えたんだ」

などといって、自分が受けた教育と同じものを与えようとするやり方です。

自分と同じ方法で、まったく伸びない人もいるからです。

部下にはさまざまなタイプの人がいて、自分とはまったく正反対の方法がわかりやすい人もいると、しっかり認識することが大事です。

今は発展途上だけど、今後大きく伸びる人の自信をなくさせ、その人をつぶします。だからこそ誰もが共通に学ぶべきベースをまずはしっかり学ばせるべきです。

仕事のフローと、わかりやすい基本を全員の部下に最初は伝えてあげるのです。

その場に合わせた臨機応変な対応については、場数を踏み、体得していってもらうことで人は伸びると私は思うのです。

わだのエール

努力できることが才能

あるとき、新聞を読んでいて「努力できること自体も才能のひとつ」という言葉を見て思わずメモしていました。

プロになれる人なれない人、小説で賞をとれる人とれない人。必死で努力を重ね、その生涯を捧げても、無名のままの人もいます。私たちの生きるこの環境では、才能を開花させ、たくさんの人から評価を受けることが素晴らしいという価値観があるのは事実だけれど、心とか根っこという観点で見たら、目に見える結果がなくても努力を続けることができる人のほうがもっともっと強くて、やさしくて、すばらしい人という価値観があるかもしれないですね。

41 「人にいわれて直す」から「自分で気付いて直す」に

私は部下に自分自身の表情、声などを録画してもらい、自分の姿を自分で見てもらっています。

人は自分のことは意外に知らないものだし、いくら注意しても自覚がない人には「変わりたい」という本気の欲求が生まれないからです。

私が本人を録画して見せるようになったのはひとりの部下がきっかけでした。

彼女が部下として配属されたときに思ったのが、「なんと怖そうな女の人なのだろう」ということでした。

ショートカットでモデルのようなスタイル、小顔、そして、とても美人の彼女は「はじめまして」と、とにかくぶっきらぼうに頭を下げました。

私はぶっきらぼうな人が特に嫌いだというわけではありません。最初から、何か企んでいるような笑顔と、高いテンションで寄ってくる人よりも誠実な感じがして、場合によっては好きだったりもします。

けれど、仕事の現場では、冷たそうに見えるのはマイナスです。

それは怒っているように見えるからです。普通の人は、怒っているような態度の人に嫌悪感を覚えます。お客様ならなおさら、「なんだよ、あの態度」となり、クレームの原因にもなりかねません。だから表情トレーニングが必要となります。

しかし、私が何度も「こんな風に笑うの」「いや、違う、もっと嬉しそうに」といっても、「ふふっ」と彼女は冷たく笑うことしかできない。

「だから違うの、楽しそうにこうやってね」とやってみせても、「あ、はい」というだけで、なかなか殻が破れないのです。

ちゃんとやってくれない彼女に私も業を煮やして、とうとうこう切り出しました。

「ねぇ、やる気ある？　結果出したいの？」

「あるんですけど……」

「そうなら、もっと変わろうとしないと……」

「はい、あの……すみません。でも、こんな感じでずっと生きてきたので、私……なんだかわからないというか……できないんです」

「でも冷たく見えるよ」

「いわれます」

「本気で直したいの？」

「はい、直したいですが、自分を変えるのはなんとなく抵抗があるんです」

「変わりたくないのなら、そのままでいいよ。でも、結果出ないよ」

「はい……」

「ねぇ人が向上するのって、何もすべてを変えることじゃないような気がするんだけど」

「はい？」

「あのね、同じパソコンを更新してバージョンアップしても、元は変わらないでしょう？　それと同じ。**新しい洋服を着るのと同じ。全部変わらなくていいけれど、一部だけ変える。これは更新するということだよね。更新はしたいでしょ？**」

「はい、それはそうです」

「わかった……待ってて」

その頃の私の事務所は新宿にあり、歩いて5分でヨドバシカメラがありました。

そこで私は生まれてはじめて自分で「ビデオカメラ」を買いました。

私は気付いたのです。

——**自分のどの部分を変えるかは、本人が気付いて納得しないとダメなんだ。**

私は彼女を撮影しました。

ほんの5分ほどの話をしてもらっているところを撮影したのでした。

録画ボタンを停止にして私は彼女の顔を見て聞きました。

「見る?」

「はい」

「一緒に? ひとりで?」

「すみません、できればひとりで」

私は彼女に買ったばかりのビデオカメラを渡し、その場を離れました。

それから10分後、彼女の様子を見に行きました。

彼女は泣いていました。静かに涙をポタポタと流していたのです。

「どうしたの？　ごめん、嫌なことさせた？」

「いえ、私、ショックで。今までこんな顔で生きてきたかと思うと」

「何いっているの、そんなに美人なのに。私が顔を取り替えて欲しいくらいだよ」

「でも……、私……よくわかりました。笑顔の大事なこと、今まで頭でわかっていて、そんなの人が前にいるときに意識すればいいじゃん、という程度になんだかなめていたのだと思います。私、更新します。もっともっとソフトに、自然な笑顔ができる人間になります。あの、できますでしょうか？」

「できるよ！　絶対にできるよ！　今から10センチ背を伸ばすよりも現実的だし」

「はい、確かに背はもう伸びないですね」

「いや、わからないけど、でも難しくないよ」

「はい」

そして彼女はもう本当に努力して、毎日鏡を見て、１週間くらいで生まれ変わったように明るい雰囲気になって笑顔もやさしくなったのです。

この変化のスピードには私も驚きました。

人に「あなたの笑顔は冷たいから直しなさい」「あなたの話し方は早口だから」などと注意し、トレーニングすることもあります。しかし、実際に本人が自覚し、「ああ、ここは改善したい」と心から思うことが大切です。

「人にいわれて直す」から、
「自分で気付いて直す」に変わるのです。

そして、人が変化をはじめたら、必ず周囲のみんなで、「わぁ、今日の笑顔いいですね」「前より断然いいですね」など、どんどん言葉に出して褒めて、本人が「もっとがんばろう」と思える自信を持ってもらうのです。

きっと人は年齢に関係なく更新できるのだと思います。素直になれる人であれば。

42 厳しいボスがいたからこそ

とにかくボスは厳しい人でした。

がんばっても結果が出ないとき、みんな「がんばったんですけど」みたいなことをいうでしょう?

そうしたら「体のいい『がんばりました』なんかいうな! 本当に必死でがんばったのならもう倒れているよ。今日、ぴんぴんしてこの場に来ているんだから、まだまだもっと余裕があったんだ、やりきってないよ。なにが『がんばりました』だ? 嘘つけ。お前ら、本当にやりきったのか?」といわれました。

「数字に追われるな。数字を追いかけろ!」**「自分の足で立って、自分の頭で考えろ!」**といわれました。

さらには、「失敗していちいち立ち止まってなにやってんの? 同じ方法でダメとわかっただけでもよかったと思わないのか？　バカか？　頭使ってんのか？　頭悪いんじゃないか？」ともいわれました。

言葉で書くとそう強くないのですが、怖い顔で凝視されながらいわれると怖いという気持ちを通り越して背筋が凍りました。

先日、ある教育関係の方とお話ししたとき、校長先生が、他の先生に「頭悪いんじゃないか」なんていったらすぐにパワハラといわれますよって話されていたけれど……。私は、厳しくいってくれた昔の上司に感謝しているし、厳しくいわれたことで相手を嫌うことはなかったです。

それに、私は厳しい環境でなかったらもう、どうしようもない甘ったれた人間になった自信があるので、どんなことも厳しくいわれてよかったと思っています。

だから、もし私の前に、誰かがやってきて**何かに挑戦したいといって迷っているとき、たとえそれが厳しく、難しい道だとしても背中を押しています。**

その人が自分の人生で経験できることでしか、人は成長できないからです。

わだのエール

逃げてちゃ卒業できない

挑戦するって大事ですよね。どんなことでもやってみるって大事ですよね。

どうしよう……と焦るような大変なこととか、ものすごい誤解をされて傷つくこととか、思っていたことが形にならないときのもどかしさとか、絶対に避けたいことでさえも、経験しないとこの「心」はやっぱり育たないんだなと、「ああ、生きているんだなあ」としみじみ思うのです。

そして、学びに気付くと卒業できるんですよね。何度も同じところで逃げていると何度も同じようなことが起こるものです。卒業していないからです。

嫌なことがあっても笑い飛ばして「学びました!!」といえると卒業できるみたいです。やってみて!

43 根気よく地道に楽しそうにしよう

私は関西人なので、納豆がもともとは苦手でした。けど今は大好きなんですよね。

なんで食べられるようになったかというと、上京してきてはじめて付き合った人がよく納豆を食べていたからです。

べつに私に「これおいしいから、まずは食べてみなよ」とかそういう**強要はいっさいなく、ただただおいしそうに食べるわけです。**ときに卵をいれて、ときにシソを刻んだりして。

納豆などを食べるほうがおかしいと思っていたのに、あまりにおいしそうに食べるのを見ていると、食べない私のほうがおかしいのじゃないかと思うようになり、食べてみたんです。

でも、まずかった。

それでもやはりあまりにおいしそうに食べる姿を確認すると、

「おいしいとわからない私がおかしいのではないか?」

と思っておいしさを発見するまで食べてみようとして、それで、ほんとうにだんだんと味になれてきて、

「なるほど、うまみがあるのだな」

とわかるようになったんです。

さて、先日もコンサルタント先で、

「前向きになって欲しい部下がいます。けれど(陽転思考を)話してもわかってもらえないです。どうしたらいいですか?」

と質問を受けました。

これ、納豆と同じなんです。

私はいまだにレバーが苦手なんですが、最初に臭いだけダメで避けていると、

「これ、おいしいって、食べないと損するよ。こんなおいしいものを食べられないっておかしいよ。きっと君は新鮮なものを食べたことがないからだ」

とものすごく強要されて、いやいや無理矢理に食べさせられてやっぱりダメで気持ちが悪くなって、もう吐きそうになった経験があるんです。


気分もこの上なく不快でしたし。以降、レバーに似ている食感（だと推測する）のウニ、フォアグラ、あん肝なども一切ダメになっちゃいました。


部下のためを思ってなにかいいたい、こうしたほうがいい、ああしたほうがいいって、いいたくなることがあるけれど、相手の心の準備がまだ整っていないときには、そんな上司からのアドバイスを、

「あなたは間違っている。私が正しいんだ」

というニュアンスに受け取ってしまうことがあるんです。


それが相手を思う、思いやりであっても。

だから、私が納豆を好きになったように、根気よく地道に楽しそうにしていること。

わくわくしながら、私はこの生き方が好きなんだって、こっちが楽しいんだって、その人の隣で身体中で表現していくことって大事なんです。

そうしたら天岩戸からアマテラスさまがおもてを覗いたように（古事記のね）、**人は、ようやく行動を変えるのだ**と思うのです。

私は私の隣でおいしそうに納豆を食べていた人に今とても感謝しているし、やっぱりあのときその人がとてもとても好きだったと思うのです。

わだのエール

「12月の言い訳」

私が営業をやっていた頃、12月といえば1年で一番数字を上げないといけない時期でした。私の上司の誕生月、「BOSS BIRTHDAY月間」だったからです。とにかくここで数字を一番出せないとダメなムードで各オフィスが競い、全体にいつも3倍くらいの数字が出てしまうんです。

師走で誰もが忙しいからとか、みんな来年というからとか、よくある「12月の言い訳」が一切できなかったので成長できたのだと思います。

そこで私たちのように、集中月間を人が難しいと思う月に設定するとものすごく強くなれます。結果が出ないのは「今月は難しいよね」という思い込みだったことに気付くのです。

第 3 章

目標達成のヒント

環境を作る約束をする

44 ドラマを共有する

毎朝のミーティングで、昨日の結果報告などを各自がするときに、欠かさずすることがあります。それは「成功実例のシェア」です。

これをすることによって、話す人は、人前で話すトレーニングになるし、聞く人は、成功事例を学ぶことができます。まさに一石二鳥なのです。ただし、**「昨日契約がとれました」という簡単な報告ではなく、聞いている人がもっとイメージできるように、より具体的に話してもらう**ことが重要なのです。

なぜか？

それは仕事で経験し積み上げる中でしか得られない、「具体例」を学ぶためにあるからです。

通常、仕事の経験は1年、2年……と積み重ねていくものですよね？　けれど、少しでも他の人の経験（事例）を聞いて、その疑似体験を多く持つと、成長にスピードがつきます。

こういうと、人の経験を聞いただけで果たして成長するのか……と思う人もいるかもしれません。

でも多くの体験談を聞くことで同じようなお客様に会ったり、シチュエーションに遭遇したときに「そういえば似たような事例でこういうことがありました」と、相手に真っ正面から事実を投げることができるようになります。**弁護士さんがたくさんの判例を知っているのと同じ**です。そのほうが確実に説得力があります。

このミーティングでは、だからこそ、発表者が具体的な話をするように、リーダーが上手く誘導しなければいけません。

例えば、「昨日は成約がひとつとれました」とAさんが報告した場合、リーダーは**「どんなお客様だった？」**と聞きます。

「はい、食品会社に勤める40歳の男性です」

「そうなんだ！　で、どこでご縁があったのですか？」

「はい、お客様の紹介だったのです」

「えっ、それはどなたですか？」

「はい、宮本商事の社長さん、宮本社長です」

「へぇ～すごいです！　ということは宮本社長には何かいつもコンタクトをとっていたということですか？　紹介してくださいとか頼んでいたのかな？　**そのあたり皆さんに具体的に教えてあげてもらえますか？**」

「はい、宮本社長は2年前のお客様なんですが、定期的に私の登った山の写真をお送りしていたんです。最初にお会いしたときに、登山が趣味だというと、社長も山がお好きとかで、それからずっとお送りするようになったんです」

「登山！　そうか、それで仲良くなって紹介してくださったんですね」

「いいえ、実はたまたま私の送った写真をご友人にお見せになったとかで、『こんなきれいな写真をとる人に悪い人はいない』っていうことになったそうです（笑）。このようなきっかけがあり、一気に打ち解けてくださったのです」

「そうか、そういうこともあるんですね。やっぱり仕事以外での話題とか、共通の趣味とか持って、相手に喜んでもらえることを続けることって本当に大事なんですね。すばらしいです」

契約ひとつにしても、企画ひとつにしても、そこには必ずドラマがあります。そのドラマを聞き出して自分たちの学びの素にしていくのです。

前述の話を聞いた営業マンのひとりは早速、クライアント担当の趣味であるトライアスロンの記事を送って話題作りをするようになりました。

ドラマを聞いたから生まれた行動です。

営業に限った話ではなく、どんな仕事でも、大事です。他の人の成功事例を具体的に聞くと仕事の成果がよくなっていくのです。

話をシェアすることによって経験値が増えますが、この増やした経験をまた他で使うことによって、その幅が広がるのです。

たくさんの人からいろいろな実例を聞いて、それを記憶の引き出しに入れておけば、その都度、状況にぴったりの実例が紹介できるようになってきます。

これは本当にすごいトレーニングだと私は思っています。

一方で、間違ってはいけないことがあります。

失敗の事例を人前で発表させないということです。

私は失敗事例を共有したくありません。みんなの前で、自信を持ってもらうためにもやっているので、失敗したことに対する解決の経緯や対処法などを話してもらうことはあっても、わざわざ失敗だけを恥さらしのようにいわせることをあまりいいとは思いません。

45 「朝30分の勝負」をする

私の場合は営業組織を持っていたので、朝の30分のミーティングはとても重要だと思っていました。

どんな仕事でも大変さや辛さはあるとは思いますが、やはり営業の仕事は毎日断られ、他の人と自分の結果の差を否応なく見なくてはいけないし、ノルマのプレッシャーもあります。

そういう辛い心理状況からできるだけ早く切り替えてもらう必要があったからです。「もう今日はお客様のところに行きたくない！」と思っている人が今日も数名いるのですから。

とにかく朝の30分で切り替えてもらい、明るい方向に向かってもらう（陽転）ことで、その日一日の行動はすべて変わってきます。何もしないままでいるのとは、まったく結果が変わってきます。

だからそれがみんなわかっていて、私が朝話しはじめると、メモをとるよりも動作を見たいという理由から全員がレコーダーをデスクに置いて、その30分必死で聞いてくれました。だから私も必死で向かっていきました。

「今日の営業時間の最後の1分1秒まで結果はわからないし、大逆転はいつだってあるよ」

「昨日断られても、今日会う人は違う人だし、みんながお客様の背中を押していかなければ、相手もチャンスがつかめないのに、沈んだままお客様に会いに行っちゃったら、相手はどんな気持ち？　それってプロ？」

「昨日学んだことは何かな？　それを今日のプラスの材料にする方法はない？」

いろいろな方向でボールを投げながら、ときに事例やテクニック的なことも交えて、その日一日の活力の源になれるように尽力したのです。

私はこのような「朝30分の勝負」を、マネージャーをやっていた期間、ずっと継続してやってきました。この30分に力を入れておくことは、そのあと10時間トレーニングするよりもはるかに効果があるのです。

そして、これは私の中でごくごく当たり前の習慣となりました。だから、独立して営業のコンサルタントとしてさまざまな企業とかかわったときに、**朝のミーティングをまったくしていないリーダーやマネージャーがいると知り、正直、衝撃を受けました。**

なぜやっていないかを聞くと、

「自分の上司にもそういう会議をしてもらったことがないので、どのようにやっていいかわからないのです」とおっしゃいました。

「前に説明した『成功実例』を発表してもらってから、みんなにもチャンスがあるからね、とかご自身が勉強されたことなどを伝えたりする感じです」

「そうですか。特に気を付けることは？」

「その日がどういう日なのか、それを意識して話すことです」

「その日がどういう日なのか？」

「例えば、『今月も終わりまであと1週間になりました。現段階の売り上げはこれだけ出ていますが、あと1週間で今月の目標までここから持っていくのにはこれだけがんばらないといけないです。見るとあまりにも残りが大きいから、そんなの無理だよ、と思う人もいるかもしれないです。確かに100％できるとは断言できないですが、100％無理だとも私は思ってないのです。

あと1週間で全員のパワーを集中できたら、90は行くかもしれない。みんなでちょっとでも積み上げて、やるだけやったといえるような、自信を持ってやりきったといえるような、そんなラストワンウィークにしましょう』みたいな話とかかな」

「は〜なるほど」

「要は、月初めなのか、月末なのか、中間なのかによって話すことってやっぱり違ってきますよね？」

「はい、そのときに追いかけている目標によっても、そのときあった事例によっても違いますよね」

「それと、あとは『お客様に向かって仕事しろ』と定期的にいうべきですね」

「どのようにですか？」

「私たちは何に向いて仕事しなきゃいけないんですか？　と聞くんです。方向性の確認です。

上司に気に入ってもらうために仕事してないよね？　お客様のほうを向いて、お客様に褒めてもらうような仕事をするのが正しい方向性だよ、みたいな話ですね」

「そういうことも大事ですね」

「はい、意識をどこに向けさせるかなんです。昨日、嫌なことがあった場合に、意識がそこに集中しているだけでもう結果が悪くなります。だから、**意識を違うほうに向けて今日を新しい日にしてもらう。今日出会う人のほうに向いてもらう。**それが大事なんです」

「ちょっとやってみます」

「では、明日からやってみてくださいね」

「明日からですか？」

「はい、結局これも場数なので、早いほうがいいのです」

「いや上手くできるかどうかは……」

「だからやってみてください（笑）。けど、『うおーがんばれ～』『やるぞ、できるぞ〜』みたいな体育会系の感じではないですからね（笑）」
「あっそれは苦手ですね」
「ですよね（笑）」

わだのエール

事実はお面をかぶっているかも

目の前の事実が、最初はそれが自分にとってあまり喜ばしいことでなくても、信じてそれを受け止めていると、ある日、その「事実」が実は「怖いお面」をかぶっていることに気が付きます。そうしたら、その「事実」は「あれ？　ばれちゃった、へへへ」と笑いながら（和田イメージ）、その「怖いお面」をはずして、その下にある笑顔を見せるのです。

私は、私をよく知っている人からは「苦労が多い人だよね」といわれることがあるのですが、それら苦労と呼ばれる出来事たちが「怖いお面」を脱ぐ瞬間を何度も見てきたのでだんだん心が強くなりました。「怖さ」から逃げてはダメなのです。

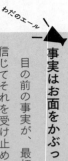

46 誰よりも大胆に部下を褒める

私は新人の頃、成果を出したら、いつも盛大に、ときに大げさなくらい褒めてもらっていました。

「和田すごいな！」「感動します！」「おめでとう」……。

正直にいうと、人前で、大きな声で、盛大に褒めてもらったことなんて、それまではなかったので、最初は照れてどう反応していいかわからないわけです。

けれど、だんだん慣れてくると、なんて自分はすばらしいんだと素直に喜べるようになってきました。だから、私も誰かがすばらしい成果を出したら、同じように盛大に「すごいね」「おめでとう」などと、伝えるようになったのです。

私がリーダーになって部下を持つようになったとき、やっぱりそんな環境にしたいと思いました。

けれど、みんな私が期待するほど大胆に褒め合わないのです。

もっともっと「わぁ～おめでとう～」とやって欲しいのに……。

どうしたらみんなもっと大胆に褒め合ってくれるかなぁと悩んでいたときに、マネージャークラスだけで、組織の数字達成を祝うパーティーがありました。

私はマネージャーになってはじめて表彰されることになりました。

名前を呼ばれて、他のマネージャーたちの前に立ったとき、ようやくわかったのです。

「うわぁ～すばらしいな。新人マネージャーなのにすごいな、まさかの上昇率だよ。お前のグループは1年で全国3位!!　嬉しいよ。本当によくがんばったよ」

と誰よりも大声で、誰よりも大胆に大げさすぎるくらいに褒めてくれたのは、ほかでもない、私のボスでした。その場にいた他のマネージャーはその声に煽《あお》られて、慌てて手を差し出してきたのでした。

そのときわかったんです。

「ああ、褒め合う環境って、リーダーの率先垂範で生まれるものなんだ」と。

それから私は、自分の部下の反応など待たずに、誰よりも一番大げさに、それにちょっとばかみたいに相手を褒めていきました。

それからです。だんだんと私と同じように、部下の一人ひとりが大げさに大胆に褒め合うようになったのは。

その後、ボスとこのことについてこんな会話をしました。

「私はボスが率先垂範で、褒め合う環境作りをやってくれていると気付いてから、自分のリーダーとしてのあり方が変わったんですよね。だからもっと結果も出るようになりました」

「そうだよなぁ。**『褒め合う環境』が生み出すのは『勇気の与え合い』**だからすごい大事だしな」

「勇気の与え合い、ですか?」

「うん、勇気をもらって勇気を与える、そんな環境が作れるからな」

「ああ、そうですね、人の結果に無関心にならないし、嫉妬もしなくなったと思います」

「日本人は基本的に褒めるのが苦手だろ? でも、そういうことを当たり前にやっていると褒めることが恥ずかしくなくなってくるんだよ」

「はい、私の組織すごくよくなりました！　仕事の成果とかじゃなくって、字がきれいですよねとか、○○さんのいれるお茶っておいしいですねとか、前は絶対にいわなかった人がいうようになったりして、一人ひとりも変わってきたんです。嫌みっぽくないし、とってつけたみたいなお世辞でもなく、とっても自然な言葉をみんなが使えるようになったんです」

「そうそう、確かにお前のいうように、営業とか成果が見えやすい仕事でなくても、**事務の人でも、総務の人でも、褒め合う環境を作っていけば日常会話から変わってくるよな**」

「はい、みんなが相手に興味を持つようになるってことですね」

ただ、褒めるといっても、**やってはいけない褒め方があります。**これは相手のやる気をなくさせるだけで、とても危険です。

それはこんな言い方です。

「いつもとは別人のように今日はよくできた」

「別人のように」……これっていつもは「できない」ということを遠回しにいっている嫌みですよね？（笑）。「今日は」の「は」も同じです。

人って言葉に敏感なので気を付けてください。


このように嫌みや上から目線的な褒め言葉ではなく、どうせ褒めるのなら、

「すごい！　私よりできる！」


とへりくだっていうくらいのほうがいいです。

松下幸之助さんみたいな人に、「あなた、私よりもセンスがある」といわれたら、どれだけ自信がつくかと考えてみてください。

リーダーは部下に自信と勇気を持ってもらう仕事をしているのです。

47 いつでも「へぇーっ」となるネタを持つ

リーダーになると部下に新しい「ネタ」を提供しなくてはいけません。それは、新鮮でためになるネタです。

どんなものかというと、

①話題として面白い（お客様のところで話せる）
②イメージしやすい身近なもの
③元気になる、やる気が出る、感動できるニュース

などです。

でもなんでこんな「ネタ」が必要なのかって思いますよね。

それは、リーダーの仕事が組織の生産性を上げることだからです。

そのひとつに**「新鮮なネタ」の提供**があるのです。

わくわくするような新しい情報はマンネリ化を防いでくれ、やる気の維持に役立ちます。

やる気をそいでしまうリーダーは、いつもいつも、同じことばっかりいう人です。

部下は「ああ、また同じこといってる」となって余計に飽きてしまうのです。

また、その「ネタ」がいくら新鮮で、いい情報だったとしても、専門的で万人には理解できないようなものだったり、自分の知識をひけらかすようなものだと伝わりませんね。

さて、そう書くと、「ネタ」を探すのはとっても難しいように思ってしまう人が多いようで、

「でも和田さん！　どうやって『ネタ』を仕入れているのですか？　情報も溢れていて、時間もないし……難しくないですか？」

とよく聞かれます。

でも、私はそんなに情報収集家ではありません。

たまたま遭遇したり、目に飛びこんできたりしたものをメモするくらいです。

リーダーは自分の仕事に関しては知識が多いほうがいいに決まっていますが、その他については専門家のように深く知る必要もなく、ただ、**話題をいくつか持っていて、それを、いつも自分が伝えたいことと合わせて話す**だけなのでそう難しいことでもないのです。

とにかく「いい言葉だな」「背中を押される言葉だな」と思うものがあったら、テレビであれ、本であれ、**絶対にメモしてストック**しておきます。

また、お客様のためになる情報はないかとアンテナをはっておくのです。

テレビを、ボーッと見ているときがあったら、ＣＭのときだけ、どんな企業が、どれくらいの頻度で、どんなタレントを使っているかなど、**ちょっとリサーチの目線で見てみます。**そうしたら車のＣＭより、ゲームのＣＭのほうが増えたなぁとか気付くのです。

それをノートにメモしておいて、誰かと話すときに「最近はゲームのCMが増えたと思いませんか？　なぜだと思いますか？」と聞いてみたりして話題にするのです。

リーダーはとにかく自分のためでなく、部下教育のために本や新聞を読む気持ちが大切です。

部下のために情報を取り入れるのです。

そうやっていつも新鮮な「へぇーっ」を作るのです。

48 「チャンスは平等」の世界を作る

「成果主義は日本に合わない」「能力主義は導入しにくい」という専門家も多いですね。

私もきっと営業じゃなかったら、そう思っていたかもしれません。

けれど私は、成果に対する基準をしっかりとたたき込まれました。

いいか、悪いかという答えは人の判断だと思いますが、私の少ない経験からいうと、成果主義も評価基準もあったほうがフェアだと思っています。

「皆さんはアルバイトしたことありますか？」

求人で集まった人への会社説明会を毎月任されていた私は、会場に集まった30人くらいの人たちにこう聞きました。ほぼ全員が手をあげました。

「同期のふたりのウエイトレスさんがいて、ひとりは気が利いて声を出して笑顔で接客して、お水をマメにかえたり、料理の名前をすぐに覚えたりと人一倍働く人です。

でも、もうひとりは、ボーッと立っていて、声も小さくてやる気なさそうで、お水もお客さんにいわれるまで気が付かないし、どうやってサボるかばかり考えている人です。

もし、皆さんがこのお店のオーナーならどっちの人が大事ですか？」

「最初のウエイトレスさんのほうですよね？」。前列にいた人が答えます。

「そうなんです、って当たり前ですよね（笑）。でも、実際にこのふたりの時給って、同じだったり、違ったとしても10円くらいの差です。これが普通なんですが、これってフェアですか？」

「いいえ、そう思いません」と、さきほど答えた人の隣の人がいいました。

「はい、そうなんです。なんか理不尽なのです。

この場合、**本当ならこのがんばっている人に時給を2倍あげて、もっとやる気を出してもらったほうが私はフェアだと思うのです。**もし、仮にそうしたとしたら、今までサボっていた人は辞めてしまうか、自分も時給を上げてもらおうと態度を変えてがんばるようになるかですよね。

けれど、もし、同じ時給が続いたら、がんばって2倍働いている人が、だんだんばかばかしくなって、やる気をなくすか、もっと条件のいいところに移るかもしれません。そして、後者の適当にやっている人が、サボっても時給も下がらないし、楽だしといって残るんです。結果、お店の評判も落ちて利益も落ちてしまいますよね」

「はい」と、私と目が合ったのは前列右から3番目。

「世の中にはこのように、一生懸命にがんばっている人と、そうでもない人がいるのです。能力主義というのは、がんばっている人には高い評価を与えるということです。

私は後者だなと思う人は能力主義に向かないから、今のうちに帰ったほうがいいかもしれません。けれど、どっちにしてもフェアなほうがいいと思うなら、この先も話を聞いてみてください。私がこれから話すことは徹底的にフェアな話なんです」

ここで帰るような人はもともと採用したくないのではっきりと、このようにいう

ようにしていました。けれど、帰ることにも勇気がいるので滅多に帰る人はいませんでしたが……。

この話の後に、どのような基準があるのか、誰でもできるのか、などを詳しく話していきますが、私も最初は「自分にできるかな?」と不安になったので、たいていの人はその基準がいくらフェアであっても、競争や比較の中で、もし自分が劣っていたらどうしよう、自分が最下位だったらどうしようと想像して怖くなるのです。ただ、そういう環境だからこそ、自分がいつも以上に努力できるし、結果、それまで知らなかった新しい自分の能力が開花されて、大きくジャンプできる人もたくさんいるのです。

フェアな世界はスポーツでもなんでも全部同じです。いつも私たちが会社に教わっていたことは「働かざる者食うべからず」です。

フェアな環境だからこそ、能力のある人が伸びる。フェアな環境が厳しいと思うのは、冷たい言い方になるけれど、本人の努力が足りないということを意味するのです。

また、評価基準はあったほうがマネージメントがしやすくなります。

「どのようにがんばったら、具体的に何をやったらもっと評価してもらえるのか？」

「何をしたらプロモーション（昇進）できるのか？」

「何ができなかったらディモーション（降格）になってしまうのか？」

「どうしたら給料またはボーナスが上がるのか？」

「どういう結果を出したら行きたい部署に行けるのか？」

もしこれが明確だったら？

リーダーは「とにかくがんばりなさい」なんていう曖昧《あいまい》な指示を出さずとも**「今月はここを目指しましょう」とより具体的な指示や誘導ができ、相手にもそれが明確に届きます。**

基準を作ってしまうと、もうそこには、上司に好かれるとか、根回しが上手いとか、そういうどろどろしたことが一切なくなります。

リーダーに反抗的であっても、その基準を達成したら、それはやっぱり評価なのです。

だからこそ「チャンスは平等」の世界を作れるのです。

営業でなくても、「本をたくさん読んでください」よりも、「本を1カ月に3冊読んで感想を書いてきた人には読書賞を差し上げます」というほうが、どれくらいの期間で、どのくらいの量が評価の基準になるか明確です。

だから本人も目標設定が立てやすいのです。

会社で評価基準がない場合は、自分のできる範囲でなんらかの基準が作れないか考えてみます。

お客様から「ありがとう」のお手紙が一番多かった人を表彰とか、入力がミスもなく一番早かった人はランチをごちそうするなど、簡単なものでもいいのです。

もちろん、お互いの人間関係ができていないと絵に描いた餅になってしまい、リーダーがひとりで踊っているような状態になるので、第1章で書いた基本をしっかりやって信頼関係を作っておくことは必須です。

49 嫉妬が感謝に変わるとき

私のボスの、その上のボスは、グループ企業をまとめる大親分、いわゆる代表社長。ものすごく雲の上の存在でなかなか顔を合わせることもなかった人でしたが、1年に2回ほど、全国会議などでお会いする機会がありました。

私も数字を出すようになってだんだんと名前と顔を覚えてもらうようになっていました。

いつもとってもやさしく穏和な人で、会ったときは満面の笑みで、

「おお、和田か～、よくがんばっているなぁ～、いやすばらしいなぁ。いつもありがとう～」

といいながら両手で私の右手を挟み、ぎゅっと握手してくれるのです。

私はそうされると、こんなすごい方に自分の存在を認めてもらっている事実に顔

がほころびました。

けれど、この大ボスは、私のボスのさらに上の方なので、実は本当はものすごく厳しいのではないかと思っていたのです。

あるとき、そんなことを何気なく話したら、「それはそうだよ」と先輩マネージャーがいいました。

「和田さん、あの人はね、当然だけど結果を出している人の名前しか覚えないでしょう?」

「あ、そうか」

「結果出てない人には極端に冷たいというか、あんな風に握手したりしないんだよ」

「へぇー、そうなんですか」

「もう、すごいはっきりしている。悪くいえば露骨《ろこつ》すぎるくらい。そのくらい徹底して、態度を変えているんだ」

「やっぱりそのほうがいいからですよね」

「うん、きっとそのほうが、**今結果が出ている人のやる気になるとわかっているん**

だろうな」

「それってある意味、結果出している人から見たら、公平な感じですよね」

「うん、厳しいけれどね」

「でも……私が握手されているから嬉しいと感じるのであって、握手を求めても、してもらえない人の気持ちを考えるとなんだかちょっと心が痛いな。


私がその人の立場だったら嫉妬してしまうかもしれない。がんばって次は自分だ！　って思えなくて、どうせいいやってあきらめちゃうかも」

「そうかなぁ？　僕はやる気出すほうだから、そんなこと考えたことなかったけど」

そういって先輩は去っていきました。

私は、大ボスと同じような徹底した態度をとるのは、どうも苦手だなぁと思いながらどのようにしたらいいのかを考えていました。

あるときのミーティングでふいに答えが見えました。

それは結果を出している人を賞賛するのはマネージャーだけでなく、組織全体でするべきだということでした。

それに必要なことは**「嫉妬」を「感謝」に変える**ことです。
その方法に私はあえてお金の話をすることを選びました。
ミーティングやトレーニング、または一人ひとりに対して、丁寧に説明すること
にしたのです。

「山本くん、会社っていろいろなことにお金がかかるわけだけど、ここの家賃も水道光熱費も、売り上げが上がっているかいないかに関係なく毎月かかるよね？」

「はい」

「いくらかかるかわかる？」

「いいえ、家賃は高そうですよね。このビルきれいだし」

「うん、ここのビルにいる組織だけ合わせても月に水道、電気、もろもろ入れて1000万円はかかっているんだよ」

「そ、そんなにかかっているんですか」

「そう。だから、**会社に自分の席があるだけで、すでにそこにはコストがかかっているんだよね**」

「前にいた会社で自分のもらっている給料の分だけ、売り上げを上げたらいいとかいった人に、

『25万円もらっている人が25万円の売り上げしか出さないなら、会社にとってはまだまだマイナスだよ！』

と上司がかんかんになって怒ってたのを聞いたことがあります」

「うん、だから、その手取りで25万円の人に対して、保険とかいろいろ合わせると、会社が払う金額がその人の給料の3倍はかかるっていわれるのは本当。

そんなの関係ないよって思う人もいるかもしれないけど、こういうことに意識が向くと仕事のスキルも実は伸びるし、感謝も生まれるから私はちゃんと説明したいんだよ」

「はい、ようやく理解できました！　とにかく給料の3倍、がんばります！」

「（笑）ありがとう。ついでにいうと……ええと、損益分岐点、**ブレークイーブンポイントってあるんだけど、聞いたことある？**」

「いえ、わかりません」

「売り上げに関係なく、絶対にかかる費用。このポイントを超えてはじめて利益に

なるでしょう？

　例えば固定費で1000万円かかる会社は、その1000万円を超えたポイント、つまりは1000万円を1円でも超えたところからが利益」

「そうですね……僕も家賃とか食費とかマンガ代とか、絶対かかる経費ってあります」

「マンガは固定費かどうかはわからないけれど（笑）。そういうことです。だから、売り上げが、その固定費よりマイナスになってしまうと絶対に赤字。その損益分岐点は最低ラインの数字、必達のラインだよね」

「…………」

「そんな風に、会社ってじっとしていてもお金がかかるでしょ。もしも会社に来て、やる気がなくて仕事をしてなかったとしても、その人はトイレにも行くし、お茶も飲むし、ＰＣの電源も入れるでしょう？　その人がいるだけでもお金がかかっているんだよね。

　その人はそれでもお給料もらえるでしょう？　他のがんばって生産性を上げている人に食べさせてもらっていることになる。ここを理解していることが大事なの。

自分が病気をしてもお休みできて、お給料がちゃんともらえるってどう思う?」

「同僚とか働いてくれている人に感謝しないといけないなと思います」

「うん、そう。営業だったらね、自分の結果が出てないときに売り上げトップの人を見たらすごく悔しいかもしれないけれど、**実はその人に会社も自分も支えてもらっている**のだから、本当は『ありがとう』っていうべきでしょ。足向けて寝られないでしょう?

そう思うと、嫉妬が消えて、感謝になる。その人に感謝できたら、もう絶対に自分の売り上げも伸びるから」

「はい、会社を支えられる人になれるように僕もがんばります」

会社に感謝できたり、結果の出ている人に感謝できると、必ずその本人のスキルが伸びます。文句をいったりする時間が確実に減るからだと私は思っています。

だから**リーダーは「お金の流れ」をきちんと話すべき**だと思うのです。

わだのエール

できない理由とできる理由

何かで悩んだとき、それを思うとわくわくするなら私は前に進みます。その場合、人が何といっても「できる理由」を徹底的に探します。ダメなのは、心配ばかりして「できない理由」から並べて何も変われないことです。「できる理由」も想像の世界ですが「できない理由」も想像。どちらもまだ現実になっていないのですから、「できる理由」を探してわくわくしたほうが生き方としてかっこいいと思います。

50 傷みかけのミカンを見つける

マネージャーになったときにボスにこういわれました。

「いいか、**優秀なリーダーになるためには、3つのことができるようになりなさい**」

「3つのこと?」

「ハイアリング、トレーニング、そして、ファイヤーだ」

「ハイアリング。人を入れることですね。そして教育で、えっとファイヤーは……火?」

「ははは、違うよ。ファイヤーはクビにするということだ」

「クビに……? 辞めさせるってことですか!?」

「もちろん」

「そんなことできるんですか？」

「できるかできないかでなくて、これはやるしかないんだよ」

「でも、人を切るなんてよほどですよね？　あの、どんな人をファイヤーするか教えてください」

「腐ったミカン」

「あの……えっと……その腐ったミカンってどんな人ですか？」

「お前、そんなこと説明しなくてもわかるだろう？　腐ったミカンがひとつ、みかんの箱に入っていたら他も腐ってしまう。だから、他を守るために、腐ったミカンは箱から出さないといけない」

「**数字を出さない人とかでなくて、悪影響をもたらす人**ですね」

「仕事もろくにしないで、文句ばかりいったり、マイナスなことを人にいったりして組織の雰囲気を悪くする奴は、とにかく他の者の意欲を低下させるんだ」

「は、はい」

「これがマネージャーの登竜門だ」

そう返事したものの、最初はどう対応していいのかまったく見当もつきませんでした。

けれどリーダーになって、人が増えてきたとき、私はボスのいう「腐ったミカン」という人がどんな人かはっきりとわかるようになりました。

そして、その人は、やっぱりボスのいったように、陰で文句や愚痴をいい、ちょっと仕事に不安になった人たちを徐々につなげて、ついには8人ほどでまとまって辞めてしまったのです。

もっと早く気付いて、その人を外していたら、他の人も一緒に辞めていくようなことはなかった。**わかったときにはもう組織は傷みつつあったのです。**

ネガティブな空気がもたらした傷みを回復するのは、思っていたよりも時間がかかり、私の組織の数字もがた落ちになりましたが、この経験によってだんだんと自分なりのスタイルが生まれてきました。

誰もが最初から「腐ったミカン」ではないのです。

最初は「ちょっと傷んだミカン」程度なはずです。だから、リーダーがもっと目を配ってそのときに気付いてなんらかの処置をすれば、きっと自分で心を立て直してくれる人だっているはずだと思ったのです。

例えばネガティブなことばかり陰でいっている人がいたら、最初のステップとしては、**その人に直接いわないで、間接的にミーティングなどで自分で気付くように持っていく**方法があります。

「この仕事って大変だよね。もう辛いよね。嫌にならない?」と、いつも陰でネガティブなことをいっている人がいたとします。

確かにその人にとっては大変で、辛い状況かもしれないけれど、それを毎回聞いている周辺の人は同調すればするほど、「まったくだ、こんな会社は最悪だ」と、より意識して思うようになるので、当然ながらパフォーマンスは落ちてしまいます。

なので、そんな人がいたらリーダーにとってできることは、その人がちょっとでも気持ちを前向きに変えてがんばってくれるように誘導することです。

私は全員に向かってこういう風にいいました。

「今、ここで仕事をしている以上、誰だって結果を出したいって思っていますよね？　結果を出したくないって思っている人なんていないですよね？」

「はい」

「けれど、この中には『もう辛い、こんな仕事は大変だ』といいたくなってしまう人もいると思うのです。私もそう思ったことあるし、それは決して悪いことでもなんでもない」

「ただ、私がいいたいのは『辛いよね』『大変だよね』と自分以外の誰かにいって、それに同意し共感してくれる人を求めてしまってはいけないということです」

「マイナスの感情は、マイナスの行動を生み出します。マイナスの行動はマイナスの結果を作ります。同意をした人も、知らないうちになんとなくテンションが下がって、そのマイナスに巻き込まれてしまうのです」

「最初にいったように、誰だって、結果を出したいですよね？　そうですよね？」

「であれば、マイナスな発言をする人がいたら、その人を陽転してあげてください。共感するのではなくて」

「マイナスな発言を誰かにしても、それは麻薬と同じで、一瞬は気が楽になるのだけど、その後はもっともっと同調が欲しくなって、マイナスをマイナスで埋めようとしてしまいます。でも、結果が出ません。自分が損をするだけですよね？」

「だから、もし、誰かに『大変だ』とかいいたくなったら、とにかく一番に私にいってもらえませんか？」

「私は受け止めてあげたいし、その痛みから解放してあげたいし、結果が出るようにアドバイスをしたいです」

私はこうやって、**最悪なケースになる前に、自分で気付いてもらえるようにトークで誘導**していたのです。

51 辞めたい人とのミーティングで話すこと

腐り方のひどい状態の人がいたらすぐに声をかけてふたりでミーティングをします。そして単刀直入にこう切り出します。

「ねぇ、石橋さんは仕事辞めたいと思ってる?」

「いえ……」

「別に責めたり、強引に引き留めたりするつもりはないから。ただ、最近の石橋さんを見ているととても辛そうだったから、私にできることがないかなと思って」

「すみません」

「いやいや、もう、謝ることでもないんだって(笑)。ねぇ、仕事続ける自信はあるのかな?」

「いえ……自信はないです……」

「うん、聞くけど、結果を出せるようになりたい？　踏ん張って変わってみる気はある？」

「はい」

「本当に？」

「はい」

「本当に、本当に、本当に？」

「はい……できないかもしれないけれど」

「できるよ。本気になったら」

「そうでしょうか？」

「私はそう信じているけれど、誰よりも自分自身が自分の可能性を信じないといけない。他でもないあなた自身がね」

「はい」

「もう一回聞くよ。続ける？　この仕事」

「やっぱり自信ないです」

ここまで詰めると本心が出ます。

「ね、決断って勇気いるでしょう？　**続けると決めたら、もう弱音を吐かずに前に向かうと誓う。辞めると決めたら、未練なくさっぱり去る。このふたつ。**

確かに人には向き不向きがあります。最初から人が好きでコミュニケーション能力に長《た》けている人は、人より早く結果が出る。そうでない人は結果が出るまで時間がかかることもある。時間がかかると不安になる要素が増えてしまうよね」

「はい」

「不安になるとマイナス思考にはまるから、行動量も減ってしまう。そうなったら悪循環の輪に巻き込まれる。結果が出るまでにかかる時間が辛いと思うなら、無理に続けなくていいんだよ」

「はい……ありがとうございます」

「私は石橋さんが幸せになることを考えたいです。それはこの仕事でないかもしれないから。やってみて合わないとわかっただけでもひとつの経験だし、無駄なことは何ひとつなかった、わかるよね？」

「はい、ありがとうございます」

「で、どうする？　踏ん張る？　それとも、新しい道を選ぶ？」

もちろんこれ以外にも話はいろいろな方向に転換するし、どのような結果になっても最後は笑って会話が終了することを目指しました。

いきなりファイヤーするのではなく「意思確認」をして、本人にとって一番いい道を選択してもらうという方法がボスのいった「私なりの方法」となりました。

わだのエール

おいしいオレンジジュース

昔、数字のプレッシャーとか周囲の期待のプレッシャーなどで何度もつぶされそうになったときがありました。そのとき「プレスというのは圧縮をかけて絞るようなものだから、オレンジだったらおいしいオレンジジュースが出てくるかまずいものが出てくるか、自分そのものの『エキス』が絞られるということでまさにテストだ。プレッシャーをかけられたら自分そのものが見えてくるときかもしれない。だったら、私は負荷がかかったとき最高の自分を出したいな」みたいなことを思っていました。プレッシャーはパワーをくれるものです。誰でもそうです。今日もお互い精いっぱいやってみましょう。

52 その人だけの「伸びしろ」を伸ばす

私は営業のマネージャーだったときに他のマネージャーに、「和田はちょっと『過保護』だよ」といわれたことがあります。

確かに部下一人ひとりに対して、個人的なクリニック（一対一でのミーティング、トレーニング）を他のマネージャーに比べたら、多めにやっていたので、要領も悪く、構いすぎのように見えたかもしれません。

だから私はこのやり方を自分の部下のリーダーにあたる人には、特に強要はしませんでした。ただし、私のやり方としては**「部下が10人いたら10通りの教育法」があると思っていたので、一人ひとりと向き合うことが大事に思えたのです。**たとえ手間と時間がかかりすぎても。

クライアントに「個人クリニックの重要性」をお伝えすると、やっぱり皆さんはたいてい同じような反応をされます。

「和田さん、それって上司からすれば、かなりのパワーが必要なことですよね？」

「はい、だから、効率ということだけで考えるなら、私は無理にオススメしていません」

「人それぞれのマネージメントスタイルですね」

「はい、少数精鋭でやるというスタンスの人には向かない方法だというのはわかっているのです」

「でも、和田さんはやり続けている」

「はい、私は基本的に不器用なんです。時間がかかって手間がかかっても、私は遅れをとった人を放っておけなかったのです」

「…………」

「私もいつも、何をやるのものろまで遅かったから、人より時間がかかってしまったり、細かいセンスの足りない人に手をかけたくなる。時間がかかっても伸びると信じたいのです」

「それなら私もやってみようと思います。**和田さんがやってきたことは、それはきっと大きな先行投資じゃないかと思うからです。**

その人たちが辞めずに残って、いずれ彼や彼女がリーダーになって、また誰かを教育するときに必ず役に立つし、そうなればきっと上はいつかその手間から解放されてもっと大きな仕事にとりかかれる。私は聞いていてそう思いました」

「そうですね。実際はそうなりました。けど、誰よりも働いているマネージャーは、ちょっとかっこ悪いなと思ったこともありましたけど」

「…………」

「あの、話し方に問題があるとか、考え方に問題があるとか、商品知識に問題があるとか、やる気がないとか、その人の悩める要素ってそれぞれだから、そして、個人の悩みは個人的なものだから、私はそこに向かって話をして元気になってもらいたかったんです」

「それって、何か悩みはないですか？　と聞くのですか？」

「マイナスを探させてはいけないので、私はそういう聞き方はあまりしないです。どうしたらもっともっと幸せになるかを一緒に探そう！　っていう感じです」

「育てるって効率主義が当てはまらないのではと、和田さんの話を今聞いていて思いました」

「はい、そうなんですよね」

マネージメントは自分がいいと思った方法から取り入れるべきです。

でも、どれだけ時間がかかっても、人と人のことなので、膝をつき合わせて話をして、**その人だけの「伸びしろ」を見つけて伸ばしてあげてください。**

わだのエール

落ち込んだときは笑うのだ

仕事に関して、ひとつがダメだったということはもっと他に道があるよというメッセージだと私は思います。ごくごく自然に当たり前に、そう思えるのです。これは、何年もかけて身に付いた陽転思考のたまものかもしれません。「幸せを求めるためにも、苦悩から逃れるためにも、笑顔は不可欠な条件である。楽しければ笑い、苦しければもっと笑い、どちらでもなければ自然に笑っていればいい」。浅田次郎さんの言葉です。落ち込んでも笑って欲しいと私は思っています。

エピローグ

最後に一番大切だと私が思うことについて書かせてください。

それは今までお話ししてきた3つの約束（コミットメント）が立つ「土台」についてです。

どんなに立派な約束であっても、それを支える土台が必要です。しかもその土台がしっかりしていなければ、約束はそもそも成り立たないのです。

さて、**何よりも強く、頑丈でなくてはいけないその土台になるものは「愛情」以外にはない**と私は思っています。

人を愛せない人に人を育てることはできません。

人を愛せない人は人から愛されることがありません。

人を愛せない人は人を許せません。
人を愛せない人は人を認めません。

その人を愛することができるからこそ、自分の時間を投げ打ってでも、その人の成長を望むことができるのです。そして、愛を感じることができるからこそ、その人のためにがんばろうと思うのです。

決して過保護になって自分本位な欲と勘違いした愛情をふりまくことではなく、信じることにかこつけて、放任することを正当化した愛情ではなく、やさしく、厳しくがバランスよく組み合わさった、大きな土台が必要なのです。

もし、リーダーといわれる人が「人間嫌い」だったとしたら、その人と一緒にいる部下はロボットのような人間になってしまいます。

いわれたことをこなすだけで、喜びも悲しみも感じない人になってしまうのです。

もしくは、自分の存在価値を見出せず自らのやる気を捨てて投げやりな人間になってしまうこともあります。

頭がよかろうが、権威を持っていようが、人に興味のない愛情のないリーダーは人をつぶしてしまうのです。

繰り返しますが、愛のない人に人を育てることなんてできないです。

だから、愛情を持てない人には土台がなく、こんな人はリーダーに向かないし、ならないほうがいいと私は思うのです。

しかし、この「愛情」というものはとても難しいものです。

愛する人が幸せになって欲しいと思うことは正しいけれど、親が子供に「この大学に行ったら絶対に幸せになれるから」といって、勉強を強要することは間違った愛情です。

その言葉には「この大学に行って欲しい」という、親の欲があるからです。それはその子の願望でなく、親の願望だからです。

愛情は相手を尊重できるかです。

だからすべてを受け入れる覚悟があるかなのです。

私もずっとこれは課題でした。

結果を出して欲しい、明るい考え方になって欲しいというのは、相手が幸せになって欲しいと心から思うことにつながるけれど、その裏にはやはり、結果を出してくれれば自分の数字にもなると思う私だったり、私の考えを受け入れて欲しいと思う私がいたからです。

勘違いした愛情を持っているときは、やっぱり土台はしっかりしていなくて、どこかの柱がぐらっとしているのか、組織で問題が起きたり、人が辞めたりしていきました。本当に正直に結果が出るのです。

けれど、私は失敗を繰り返し、またたくさんの人と出会う中でだんだんと気が付きます。

自分の定義を相手に押しつけることは決して愛情ではないということに。

例えば、「続けること」は私にとって大切なことだけど、相手にとってはときに「辞めること」のほうが大切な場合もある。

「早く切り替えること」が私にとっての大事なことであっても、相手に必要なことはときに「もっと挫折すること」の場合もあるということに。
だから、とにかく愛する人が笑って幸せそうにしてくれることを願い、そうなるようにアドバイスして、それを相手が受け入れてくれなくても、それが相手の選択なのだからと、理解して、相手を丸ごと受け入れて、それでも愛することが、リーダーとしての大きな課題なのだと思うのです。

私は世界中の会ったこともない人を、すべて「愛している」といえるほど、まだまだ立派な人になれない人間です。

さらにいうと、私とまったくご縁のない人や、お互いに関心のない人にまで「愛している」という感情を持てる器の人間でもないのです。

でも、私は、私と関わりがあって、ちょっとでも心が触れ合う人たちを好きになります。

目の前の人が幸せになってくれたら嬉しいと思います。

目の前の人が不幸で悲しそうだとなんとか明るくなって欲しいと心から思います。

その気持ちの上に立っていたいのです。

いろんな部下が入っては出てを繰り返します。どれだけ愛しても、ときには後ろ足で砂をかけていくような去り方をする人もたくさんいます。

それでもリーダーはまた新しく入ってくる人をもう一度信じます。

もう一度、彼らを愛して育てていくのが仕事です。

何度、裏切られても、もう一回、もう一回と、信じて、信じて、信じて、またはじめるのです。

これはやっぱり愛がないとできないのです。

好きでないとできないのです。

本気で厳しくなれるのも、本気で相手の成功を願えるのも、愛があるからこそ。

どうやったら愛せるの？　とは考えないことです。

ご縁があって、あなたの前にいる人は何かの学びをあなたに与えてくれる人で

す。

ただ、ただ「愛する」と決断するだけです。

それが頑丈な土台になることを、私は皆さんに約束します。

それから、ごくごく普通の大勢の人たちは、ときどき生きていくのが怖くて、本当は孤独がとても苦手で誰かに受け入れて欲しいと思っているのです。

「愛されたい」と願わない人なんていないのです。

だから……これからもずっと愛することをやめないでください。

和田裕美

本書は２０１１年11月に幻冬舎から刊行された『誰でもリーダーになれる３つの約束』を文庫化にあたって改題の上、加筆・改筆したものです。

日経ビジネス人文庫

「向《む》いてない!」と思《おも》う人《ひと》でも
リーダーになれる52のヒント

2016年12月1日 第1刷発行

著者
和田裕美
わだ・ひろみ

発行者
斎藤修一
発行所
日本経済新聞出版社
東京都千代田区大手町1-3-7 〒100-8066
電話(03)3270-0251(代) http://www.nikkeibook.com/
ブックデザイン
長坂勇司
印刷・製本
凸版印刷

Printed in Japan ISBN978-4-532-19810-7

nbb 好評既刊

模倣の経営学

井上達彦

成功するビジネスの多くは模倣からできている。他社（手本）の本質を見抜き〝儲かる仕組み〟を抽出する方法を企業事例から分析。

小さな会社のための世界一わかりやすい会計の本

ウエスタン安藤

勘定科目はカウボーイの投げ縄、減価償却はロールケーキで考える――。日本で唯一のカウボーイ税理士が、実践的な会計知識をやさしく説く。

働くみんなのモティベーション論

金井壽宏

「やる気」の持論があれば、自分自身も周囲にも意欲を持たせることができる！　人気経営学者が、理論と実践例から「やる気」を考える。

人はチームで磨かれる

齋藤 孝

皆が当事者意識を持ち、創造性を発揮し、助け合うチームはいかにしてできるのか。その実践法を、日本人特有の気質も踏まえながら解説。

58の物語で学ぶリーダーの教科書

川村真二

どんな偉大なリーダーでも、みな失敗を重ねながら成長している――様々な実話を通してリーダーに必要なスキル、心のあり方を指南する。